题太极尺研究

夫术千年秘传以意活动慢慢徐徐

身心自然而然不使心劲以劲为用以静

疏练先天气功作用

挂太极尺外动内静足用功法动则流通

血脉静则旋炼精气神一念不生

专信专炼确保健康却病延年

赵中道一九六一年夏时年一二七岁

赵中道先生（1834—1963）是太极棒尺修炼名人。这是他于1961年117岁时有关太极尺的题词

2005年作者在日本教学时，受到学员们热烈欢迎

2006年作者在韩国举办的第9届国际
陈式混元太极拳和气功交流会

作者在赫尔辛基大学教学

作者在西班牙马德里教学

作者在瑞士教学

作者在日本教授太极棒尺内功

作者应邀参加了1999年和2003年在德国举办的世界气功交流会，他的论文荣获"最佳优秀论文奖"

作者在芬兰主持的"第三届国际陈式混元太极拳和气功交流会"

作者在瑞典教授太极棒尺内功

作者在芬兰赫尔辛基教授"内丹功"

作者在加拿大教学时,学生们在排队体会他的内功绝技"丹田内气鼓荡"

美国老人坚持练习太极棒尺内功,治好了"半身不遂"

作者在芬兰教学时,学生们对他的太极内功绝技"丹田内气鼓荡"产生了浓厚的兴趣

作者在教授太极内功绝技"丹田擒拿"

1988年作者主持的北京志强武馆和北京市公安局崇文分局联合举办"崇文区各单位保卫干部防卫术培训班"

道家太极棒尺内功

冯志强 传授 王凤鸣 编著

人民体育出版社

作者简介

　　王凤鸣先生1952年生于北京，8岁起先后从师于王有志老师学习少林拳，八卦掌第四代传人刘兴汉老师学习八卦掌，1975年正式拜师于陈式太极拳第十八代传人、气功传人冯志强老师的门下，学习太极拳和气功等传统技术。经过几十年的苦心修炼和潜心研究，得到真传，集太极、气功、八卦于一身，功深技精，掌握技术全面，是冯老师很有成就的弟子。

　　王凤鸣先生不仅是著名的武术家，还是从事武术和气功技术、理论普及的作家。以中文、英文、西班牙出版的著作《道家太极棒尺内功》《道家气功精华—内丹功—外丹功》《太极推手技击传真》《道家内功"循时修炼法"》等成了脍炙人口的畅销书，发行于世界各地。他还在国内外的武术杂志和体育报刊上发表过几十篇有关气功、太极拳方面的论文。其中《太极尺棒气功》和《内丹功》论文，曾分别于1999年和2003年在德国汉堡举办的世界气功大会上荣获最佳优秀论文奖。为了掌握中医方面的知识，提高对人体科学的认识，他曾在中医研究院学习了3年。

　　王凤鸣先生从1982年开始在北京国际教学中心工作，从事武术、太极拳、气功教学，曾任教练、高级教练、总教练、副总经理和志强武馆副馆长、总教练等职。培养了大批的学生，为传播和推广中国的太极拳、气功事业作出了贡献。作为中国武术界一位非常有实力有影响的武术名家，曾多次受邀出访日本、韩国、法国、瑞士、荷兰、西班牙、德国、芬兰、瑞典、英国、加拿大、美国等国家，进行气功、太极拳方面的教学和学术交流，得到国内外武术界的尊敬和好评。被赞誉为"内功王""真正的太极和气功大师"，并被国内外的二十几个武术组织聘请为名誉主席、名誉院长、教授、顾问等。

1994年，王凤鸣先生到芬兰赫尔辛基大学体育系和其他学校从事太极拳以及气功方面的教学工作。为了更进一步推动太极拳和气功事业在欧洲的发展，他组织成立了欧洲陈式混元太极拳协会，任主席。

从1998年起，他先后在瑞典、荷兰、芬兰、法国、德国、西班牙、英国、瑞士成功地领导组织了每年一次的"欧洲国际陈式混元太极拳和气功交流会"，深受太极拳和气功爱好者们的欢迎，学员们来自世界上的许多国家。

2007年，美国一所大学邀请"特殊优秀人才"王凤鸣先生到美国工作后，他组织成立了美国"内功王"国际太极拳学院，任院长。现已开设纽约市分院和新泽西州分院。

可登录 www.worldtaiji.com 与作者联系。

目 录

第一章 总 论 …………………………………… （1）

第一节　太极棒尺内功简介 ………………… （1）

第二节　太极棒尺内功技术特点 …………… （4）

第三节　太极棒尺制作规格要求 …………… （5）

第二章　太极棒尺内功理论基础 …………… （7）

第一节　如何调心 …………………………… （7）

第二节　如何调息 ………………………… （15）

第三节　如何调身 ………………………… （19）

第四节　精气神与丹田 …………………… （24）

第五节　性命双修　内外双求 …………… （29）

第六节　论入静 …………………………… （31）

第七节　用心理影响作用于生理 ………… （33）

第八节　怎样划分先天气与后天气 ……… （34）

第九节　什么是七情六欲 ………………… （35）

第十节　论经络 …………………………… （36）

第十一节　手与内脏 ……………………… （65）

第十二节　开天目功 ……………………… （66）

第十三节　太极棒尺内功的健身功效 …… （67）

第三章　太极棒尺内功学练方法 （74）

第一节　循时修炼 （74）

第二节　学练步骤 （80）

第三节　练功注意事项 （81）

第四章　太极棒尺内功修炼法 （85）

第一节　炼丹要诀 （85）

第二节　采气功 （89）

第三节　丹田内动 （95）

第四节　站桩功 （98）

第五节　健身功 （103）

第六节　拍打按摩功 （110）

第七节　小周天功 （118）

第八节　气闯三关 （120）

第九节　带脉功 （124）

第十节　六合行功 （127）

第十一节　大周天功 （131）

第十二节　缠丝功 （134）

第十三节　中气功 （142）

第十四节　混元气功 （145）

第十五节　收　功 （149）

第五章　气功知识问答 （152）

第六章　道家气功功效研究 （165）

拍打功预防血栓形成的研究 （165）

道家气功"从肾论治"之研究 （169）

对道家气功"调心"的研究 …………………… (172)

第七章　太极棒尺内功传人 …………………… (177)

陈　丹 …………………………………………… (177)
彭庭俊 …………………………………………… (177)
道家气功著名传人胡耀贞先生武林逸事 ……… (178)
太极棒尺内功是什么年代被引进到陈式太极拳
中来的 ………………………………………… (180)
"太极巨人"冯志强先生武林逸事 …………… (181)
"内功王"王凤鸣先生武林逸事 ……………… (188)
附：《心印经》原文 …………………………… (196)

第一章 总 论

第一节 太极棒尺内功简介

太极棒尺内功源于胡耀贞先生所授和陈发科先生所授的太极缠丝功。胡耀贞先生身怀道、武、医三绝，气功独树一帜，饮誉中华，人颂"近代气功之父""神医"。陈发科先生功夫纯厚，太极缠丝功出神入化，独步一时，人颂"太极一人"。二位先生德高功精，是近代气功、武术界杰出代表。

冯志强先生是二位先师高徒，潜心修炼几十年，功近大成，炉火纯青，集气功武功于一身，是当代杰出代表，声誉遍及海内外，被国际上称为"太极巨人"。他根据二位先师修炼结晶，又根据自己几十年来修炼内功之体验，在继承传统的基础上，立意创新并有所发展，使太极棒尺内功更具特色，更加系统完善、理论科学化了。

太极棒尺内功过去是道家一种秘传高层次的修炼方法，它分为普及项目、提高项目、深造项目等。由于过去长期受传统习俗所制约，学习功夫内外有别，其意是一般普通学员只能学习普通项目，要想再继续学习提高，按中国传统习俗，学员只有正式拜师后才能得到继续学习提高的机会，只有少数人才能得到师父口传心授式的教学。

随着社会的进步发展和现代思想的开放，为了让国内外更多的人真正了解气功认识气功，更深入的提高技术，笔者于前些年下决心将太极棒尺内功气功中的全部内容公开传授推广，使中国数千年来私下秘密传授转向全民化。自公开传授本功法以来，它如雨后春笋般的发展，现已在中国及20多个国家和地区拥有越来越多的爱好者，凡学过本功法者，普遍认为太极棒尺内功是一种不可多见的优秀功法。它是历代修炼家们经验结晶而集成，具有完整的体系，系统的理论，科学的程序，鲜明的特点和独特的风格。它以得气快、疗效显著、易掌握、通俗易懂、由浅入深、层次分明、功法科学、技术独特、理论精妙而著称，因而备受广大气功和太极拳爱好者的青睐。

练习太极棒尺内功之所以能够得气快，功效显著，而又能够在长期修炼中不出偏差，使身心受益，与它的功法科学合理、技术独特密切相关，更主要的是与它的练功程序和功法理论有极深的关系。太极棒尺内功理论基于中医学、运动医学、易理、道经、古典自然辩证哲学理论的精华，其内涵既有自然辩证法的思考，又有功法理论实践；既有对人体科学的认识，又有身心修炼的内景。理论来源于实践，但经过缜密科学的提炼总结后，它又科学地指导练功实践。这种从实践到理论，再从理论到实践中去的练功过程，不仅给广大气功爱好者们以正确的练功方法，而更重要的是给修炼者提供了科学、完善、系统的气功实践理论，使学习者可多方受益。

太极棒尺内功适合于各个层次的人进行修炼，如想祛病健身者、想提高气功水平深造者、医务工作者、练习太极拳及其他拳术想提高内功者、想提高技击擒拿技术者。尤其是当太极棒尺内功修炼到一定水平后，它不仅能达到祛病健身、延年益寿之功效，此时运用于中医的点穴、按摩、气功疗法上疗效更佳；运用于硬气功，能开砖劈石，更具有威力；运用于太极拳或其他武术之中，内气更觉饱满充沛；运用于技击擒拿，则有更胜一筹之功效。

太极棒尺内功自公开传授以来，曾先后在中国、新加坡、日本、美国、韩国、芬兰、法国、瑞典、德国、荷兰、瑞士、西班牙等国家发表过一部分内容介绍资料，但是仍然满足不了广大气功学习者的需求，许多气功爱好者纷纷来信来函建议出版介绍本功法的全部内容。为了满足广大气功爱好者们的愿望和需求，我们历经几年的搜集整理，并几易其稿，最终将太极棒尺内功汇编成册。书中记载有古代修炼家传留下来的宝贵经验，又有冯老师几十年如一日的成功修炼结晶和笔者多年来修炼气功的心得体会，它以图文并茂的形式详实系统地介绍了本气功各层次的修炼方法及要领。书中即有适合广大普通学员学练的以祛病延年、健身强体为目的的练功方法，又在提高项目中，具体详实介绍了丹田的形成、丹田内动功、大小周天功、气转带脉等练功方法。本书还考虑到一些想继续深入修炼者们的需求，在深造项目中着重介绍了后天转先天功法及先天呼吸法的修炼方法。缠丝功、中气功、混元气功等上乘功法的介绍，则更能启迪、指引修炼者步入上乘功夫之门。使修炼者感到有章可循、有法可依、步步提高、层层深入之感。

气功的功能有多种，但始终围绕着提高人们的健康层次和思维层次而展开。这也是古代人与现代人所共同需求的养料。气功作为一种古老的运动形态，又具有崭新的现代实用价值，这正是我们今天研究整理介绍太极棒尺内功意义所在。现将它推荐、介绍给广大热爱气功和太极拳运动的读者们。并希望此书的问世，能对你们学习气功（内功）有所启迪！

祝愿天下人健康长寿！

第二节　太极棒尺内功技术特点

太极棒尺内功是历代传人修炼经验的精华集成。它除了有与其他气功所有的共性外，还有它的个性，也就是独到之处。归纳起来可分成以下几个方面。

（1）太极棒尺内功技术风格独特。太极棒：阳、动、开、摆、拧、摇、卷、震、拍、旋。太极尺：阴、静、合、颠、缠、晃、翻、颤、点、转。

（2）太极棒在气功中表现形式为阳，主动，属"武功火候"。是在太极尺修炼静养心神培补元气的基础上，运用独有的螺旋缠绕式的缠丝方法，将蓄积的内在功力宣发出来。有强筋壮骨，增强掌指功夫，内外兼修之功效。

（3）太极尺在气功中表现形式为阴，主静，属"文功火候"，主修内。要求静心养练，以虚静之功来修养心神。壮五脏，荣筋骨，通经络，和气血，求达修灵养性炼气化神的修炼目的。太极棒尺结合练习，能够起到刚柔相济、阴阳结合、文武兼备之功效。这样养练结合，能使修炼者气功水平不断得到提高。

（4）练习本功，在手持太极棒或太极尺时，可使身有所依，意有所思。以棒尺导气，外引内连，气有所循，所以练习太极棒尺内功可以改变以往徒手练习气功时越想静越难入静之状况。

（5）手握太极棒尺练习气功时，通过双手与太极棒尺互相产生摩擦，会对手部主要经络穴位，如劳宫、内合谷、鱼际、少府、四缝、十宣等产生不同程度的按摩刺激作用，从而能够起到疏通经络气血，使气达于梢，促进内气周身循环的练功功效。

(6) 太极棒尺内功动作简单，利于掌握，集内功、外功、养生、按摩、保健、缠丝功、技击于一体。由浅入深，技术全面，阐述精辟，功理科学。

(7) 太极棒尺内功有独到的技术动作，可帮助修炼者顺利"闯过三关"，使内气畅通无阻。

(8) 练功时要求两手不离棒与尺，尺引气动，身随气行。动作总不离上下、左右、前后、近退、出入和沿圆形轨迹运转。而且每一招一式要重复运作多次，行功日久便会忘却太极棒尺这一身外之物，使周身内外自然运动浑然一体，在不知不觉之中进入气功修炼的物我两忘状态之中。

(9) 内外俱修、以内为主，动静相兼、以静为主，练养结合、以养为主，是本功法的修炼指导原则。

(10) 本功法学练起来容易掌握，得气快，疗效显著，增内功。能使练习者少走弯路不出偏，以此带领修炼者步入气功的更高境界。只要持之以恒坚持学练，便能收到事半功倍之功效。

第三节 太极棒尺制作规格要求

太极棒尺制作时应采用质地坚硬、纹路细密的硬木材料车制而成。

太极棒：要求通体圆润光洁，呈上下一致的圆柱形状。两端为渐次凸突的圆弧形，恰与两手心的凹陷处相吻合。其长度与练习者握拳时自拳顶到肘尖的距离相等，棒围则以练功者大拇指与中指相合为标准（图1）。

图 1 太极棒

太极尺：要求尺长约1市尺左右，呈不规则的圆柱形，尺身中段呈圆球状，两侧渐细，两端呈半圆形，其粗细程度以恰可盈满手心处为标准（图2）。

图 2 太极尺

第二章 太极棒尺内功理论基础

中国气功门派繁多，具体练法各异，总结归纳起来，其练习方法可概括为调心（意念）、调息（呼吸）、调身（姿势）三个方面，这是练习气功的三个重要法则，也是基本功。

第一节 如何调心

一、运用意念

气功主要是心理活动的训练，用意识影响身体，用心理影响生理，用外环境影响内环境，用外环境补充内环境……因此要注意意念活动的训练。

意念有主动意念与被动意念之分。初学者是从主动意念开始练习气功的。什么是主动意念呢？主动意念是练功时运用意念主动去找意守窍位或意守点。练功时要求意到气到，意在先，气在意念之后，称为守窍。被动意念是经过一个时期练功有气感后，意念没有时也会感到气在某部位动或气在运行。循经走脉，气到后才感觉到，才有意识。此为气在先，意念在后。练习时意守内气运行,循环于经络时称之为守脉。守脉是比守窍更深入一步的练功方法。练功至此阶段时,在日常生活中有时在不练功的情况下,也会感觉到气在身体某部位运行,这就是气在先意识在后的表现。要想收到练功入静的练功效果,首先要正确掌握意守方法,选择适合自己练功的意守目标。

意守方法分为:

(一) 意守外景

练功时选择一外景物为意守目标。例如花草树木,山河湖海等。选择目标的原则是:内容简单,自己熟悉,对自己有吸引力,能使自己心情愉快宜入静。但不能选择引起高度兴奋、刺激性强、扰乱性大的事物作为意守对象。意守外景时要用眼睛看、用耳听、用意想某物。用感知器官感知该实物并守之,但意守之物不能太具体,要笼统抽象"若有若无"的样子,在轻松自如的意念里有"一守"的念头即可。这是初学者意守的方法,能引导练功者较快地进入练功时的入静。

(二) 意守窍位

下丹田:主炼精,主管生殖泌尿系统。位置在会阴深处(会阴位于肛门与前阴之间,男子相当于前列腺处,女子在子宫口处)(图3)。下丹田是一个空窍,练习气功时意守下丹田主炼精,是炼精化气之处。

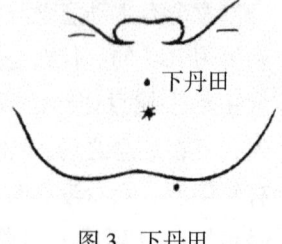

图3 下丹田

意守下丹田应先从守会阴开始,由会阴向上吸至下丹田。练习意守下丹田不仅有炼精的作用,对于精气亏损、气血亏虚之类病症也具有很好的疗效。还可以起到将任、督两脉接通的作用,使内气在周身运行,循环于大小周天。

中丹田:主炼气,主管脏腑循环运化系统。位置在肚脐内深处,是一个空窍(图4)。练习气功时意守中丹田主炼气,是炼气化神之处。古人称中丹田为"中央无极土,万物由此生"。

我们认为中丹田是炼气修丹的一个区域。是汇集、储存和运转内气升降出入的基地。所以不要片面地理解为中丹田是某个穴位,或是一个点、面。

图4 中丹田

上丹田:主炼神,主管脑神经意识控制系统。位置在两眼正中祖窍深处(图5)。练习气功时意守上丹田主炼神,是炼神还虚之处。

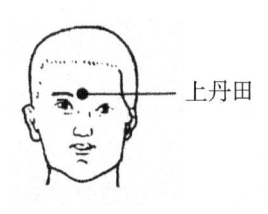

图5 上丹田

命门：是练习气功的重要窍位。其位置在肚脐与腰部相对，即两肾中间（图6）。在命门两侧有左右两肾，两肾与命门之间又有阴阳两窍，是调整命门与两肾二者之间平衡的。命门属火，肾属水，二者相克、两窍居其中调和，以达水火相济。古人云："丹田为生门，命门为死户""出肾入肾是真诀。"又云"三寸气在千般用，三寸气断万事休"，三寸气即指命门，可见命门之重要。意守命门对强壮肾气帮助很大，命门气足即可生精，精液充足炼化成气血还原于身，还精补脑即可长寿。意守命门就在于精气转化，又可行通督脉。

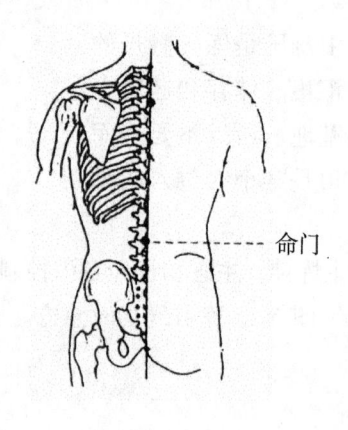

图6

会阴：是练习气功的重要窍位。位置在肛门与前阴之间（图7）。下丹田在会阴深处，男子相当于前列腺处，女子下丹田在子宫口，下丹田是一个空窍，意守下丹田就是从意守会阴开始。会阴穴又是任、督

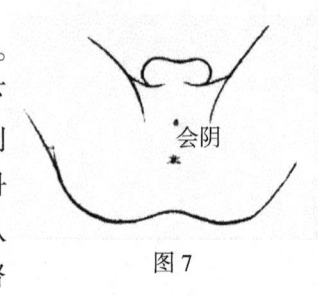

图7

两脉的起始点连接处。练习意守会阴不仅可以生精炼精，而且还有将任、督两脉接通的作用。使内在之气运转周身，生理上有显著的变化，能达到内气循环运行于大小周天。

意守命门、会阴两窍能多生精液，提炼气血精华和调整经血，以补充其亏损。意守此两窍还与精液、经血分泌、输送器官关联，可加强相关器官运动，调整其机能，结合意守中丹田所起的各种作用，即可增强精液分泌和调整经血的能力。精血气充沛之后，五脏六腑以及经脉皆可畅通。

劳宫：是练习气功的重要窍位。其位置在手掌中心处（图8）。手是手三阳经和手三阴经起始点连接处。练习太极棒尺内功，意守劳宫时，通过按摩刺激手部的经络穴位，能促气达于梢，疏通经络，使手部六经之气畅顺循经走脉的作用。古人认为"在上气根在手"，要求"呼吸在手"。练习气功意守劳宫窍位时，还能达到采纳气和发放气的练功功效。

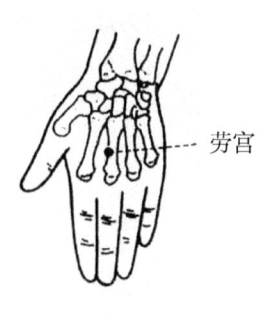

图8

涌泉：是练习气功的重要窍位。位置在足心前三分之一凹陷处（图9）。足是足三阳经与足三阴经起始点连接处。练习气功意守涌泉窍位时，能起到通足三阳经与足三阴经的作用，使六经之气畅顺循经走脉。涌泉穴又是肾经之源，肾气乃先天之本。古人认为"在下气根在足"，要求"呼吸在足"。练习气功意守涌泉窍位时，它还能达到采集地

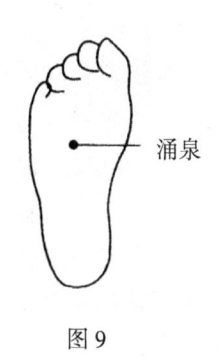

图9

气并与之相接的练功功效。

囟门：是练习中气功阶段时，后天转先天功时的重要窍位。位置在头顶中部中心处（图10）。练习气功意守囟门，待修炼到中气真正通了时，便会感到头顶囟门处开启，如同婴儿的"天灵盖"（即囟门）一样，随先天呼吸和内气的运行而一开一合地上下启动。气由下而上行为吸，囟门处如同洞穴一样，随囟门开启时，内气如同流水般涌入囟门后，随呼气直灌中丹田，下丹田自囟门封闭，内气走中腔。囟门开始启动是练习气功至后天转先天的重要转折点和标志。常言"练功能返老还童"即为此意。

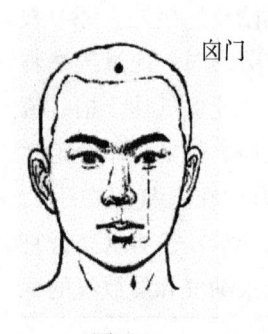

图 10

在练习气功中无论守哪一窍，其呼吸活动（指窍的呼吸）都要牵连丹田活动，它们相依相连不能分开，都要以丹田为中心，无论练哪一种功法都离不开它，所以说意守丹田是气功中筑基法，最为重要。

道家气功注重意守人体，意守某一部位称为守窍，意守经脉循行路线称为守脉，还有意守呼吸，意守整个人身。初练者多从守窍开始，而守脉是守窍的继续。守窍适用于内视意守和真意意守，一般应从采气生精、炼精化气、意守下窍开始，如中丹田、命门、会阴。意守下窍生精化气，强身健体功效明显。后天转先天功法从守上窍开始，如百会、囟门、祖窍。

守上窍有益智聪神、开发大脑潜在功能的作用。对于初学者来讲，若练至真气充沛周天行通时，这时窍点都在循行之中，而且不同的练功阶段，守窍也应相应转换。因为意守窍位不同，所产生的练功功效也各不相同。为治病健身而练习者则应根据自己的病情和身体状况选择相应的经络和窍位。求功夫上进者则应根据自己练功具体情况，如目前达到什么水平了、什么阶段了，而有步骤有计划地来选择意守窍位和意守方法。需要值得注意的是，我们要理解认识到练习气功的窍位与中医针灸时的穴位有所区别，有所不同之处在于：所谓窍位不是点，也不是面，而是圆形的体，因此守窍时意念不能守体表皮膏，而是意守体腔内，搞好此类意守的关键是"似守非守，若有若无"。

二、意守方法

修炼气功意守方法有3种，即内观意守、真意意守和神光意守。

（一）内视意守

即用意念想着意守处，用眼"内视"意守处，这样便会潜意识里放弃了眼、耳、鼻、舌、心对外界的感知作用，而是用意念去想、听、视意守处的各种变化反应。

（二）真意意守

指修炼气功到高级阶段时，真念统帅了杂念之后，即可将真念注入所守事物中，意守之念与所有守之物混为一体、了无区别，意识达到高度集中，由此进入"物我两忘"的清静虚无的境界。

（三）神光意守

指修炼气功至"觉明"阶段，当出现"神光"时，将神光随意念内收寄之于上丹田，修炼中丹田时将神光寄之于中丹田，修炼下丹田时将神光寄之于下丹田……此种意守方法，不必分辨意念行走路线。

因为意念活动没有明确的路线，当意想某一物时，即使是距离遥远，当意念与所想之物相吻合时，绝说不出意念经过什么路线达到所守之物。此种运动虽然也有"目"光，但光是随意念而动的，其所动之气是混元气。

三、意守原则

意守的方法尽管很多，但意守的原则是相同的，即似守非守、若有若无、一聚一散、神守如一。

似守非守、若有若无有两层意义。其一意守某一事物，不是死死守着该物不放，而是自自在在轻轻松松的，在意识里有"一守"的念头即可。这是指初练气功者而言。另外，意守是真念驱使杂念守于某处，当游移之念守于某处而不动时，则与真念合为一体，此时真念发命令之驱使职能也就失去了作用。也就是说，要意守的念头即化为乌有，而呈现似守非守。其二，所守之物虽然是实物，但练功意守时，不是用感觉器官去感知该实物，而是以意识去感知并意守。故所守之物不能太具体、太实在，故称"若有"。然而意守之物虽然笼统抽象，但毕竟是实物的标志，而非空无一物，故称"若无"。以上所谈两项原则看似简单，实际上做起来并不容易。要达到上述要求，练习气功时要恰如其分并运用得当地掌握"似守非守，若有若无"的原则。

一聚一散指的是意守初级阶段的方法而言，用意念引导气达到所意守之处，此时称为"聚"。能否聚得来，关键在意念是否振奋，当出现杂念时能否顺利地排除杂念，再则内气能否配合意念达到所意守之处也是很重要的因素，因为它直接影响着意念的质量。例如意守丹田时，气达于丹田此时称为"聚"。随呼吸动作气由丹田出发而循经走脉时，意念必然随之，此时称为"散"。

神守如一指的是修炼气功到了高级阶段时，真念意守阶段。真念统帅了杂念后，即可将真念注入所守事物中，能守之念与所守之物混为一体了无区别，意识达到了高度集中，由此进入"物我两忘"清静虚无的境界也就不难了。

第二节 如何调息

调息是练习气功三大要素之一，不仅能起到对呼吸系统的调整，还直接影响到机体内部气血的运行。并有助于精神意念放松和入静，使之修炼有素。练习气功时对呼吸各个阶段的转化过程，是根据内功增长情况自然进行转化的，如自然呼吸转化为腹式深呼吸，后天呼吸转化为先天呼吸等。练习气功如还没有达到某阶段"火候"时，绝对不要人为地硬性转化，或勉强将呼吸拉深长或缩短，这样不仅不利于对呼吸的调整，也达不到应有的练功效果。这种拔苗助长式的练功方法，时间长久后反而会引起一些不良反应，如憋气、胸闷或头昏等副作用，是值得注意的问题。

以下介绍几种练习气功时的呼吸方法。

一、自然呼吸法

指日常生活时不学自会的自然呼吸方法，就如同在生活中根本不注意自己的呼吸一样。练习气功时采用自然呼吸法容易掌握，也会少出弊病，练习气功时只要把自然呼吸调整到平衡、柔和自如的状态就行了，初学者采用此种呼吸方法，便能收到一定的练功功效。如自然呼吸掌握好了以后，再进一步练习其他呼吸方法。

二、腹式呼吸法

（一）顺式呼吸法

练习气功吸气时，腹部逐渐隆起，呼气时腹部逐渐收进的方法，称之为顺式呼吸法。

（二）逆式呼吸法

练习气功吸气时，胸部扩张，腹部逐渐收进；呼气时胸部回缩，腹部逐渐降起，称之为逆式呼吸法。要求达到自己息气相依、均匀、深长、柔和、气沉丹田。

三、形息法

是指练习气功动作时与呼吸相配合的方法，练习时的呼吸要与动作的开合、起落、伸缩、内外、曲直、步法相协调一致，达到形、息、气相合为一。

形动、息随、气至、动作与呼吸相配合的规律是：

吸——开、阳、升、起、外、上、动、伸、大、进

呼——合、阴、降、落、内、下、静、缩、小、退

形息呼吸法的基本要求是形、息、气相合，呼吸随动作变化来调节呼吸，这是一般情况下的形息运动规律。但是在练习气功时，由于某些特定动作要求不同或是意守部位不同，有时则不按常规的形息法，还要根据不同的功法动作要领所需，以它特定的形息方法来练功。

以上所述自然呼吸法、腹式呼吸法、形息法均属于后天呼吸的方法，吸进气由内而外走阳经气离丹田，呼气时由外而走阴经，气归丹田。

四、胎息法（丹田呼吸法）

胎息法是指胎儿在母体内通过脐带进行呼吸，而不是胎儿靠自己的鼻、口、肺来进行呼吸。所以练习气功时称"胎息法"为"先天呼吸法"。练习气功达到此阶段后，呼吸已不受鼻、口、肺所控制，而是会感到丹田内气一呼一吸的前后拉动，产生自发的"内气鼓荡"来调节内呼吸，所以它又被称之为"丹田呼吸法"。练习气功至此阶段，是后天转化为先天阶段的一个重要转折点和里程碑。

五、龟息法（冬眠呼吸法）

龟息法是更深层次的先天呼吸法，是胎息法的深入。练功达到此阶段时，"呼吸微微，似有似无"，步入类似某些动物处于"冬眠呼吸"的状态，它标志着能自我调节控制呼吸心率。

经科学仪器测试研究表明，在练功入静过程中，大脑皮质逐步抑制，机体内耗氧量显著降低，基础代谢下降，人体总消耗指标显著下降，脉膊微弱似停，心肺活动降至最低点。因此修炼气功进入高深阶段时，如调理得当，是可以达到"冬眠呼吸"状态的。

以上表明，练习气功时通过调整呼吸，可使修炼者容易进入练功入静状态，促进气血运行循经走脉，增强气机加快运转，促进推动人体内部机能活动，改善加强气血循环系统。

第三节 如何调身

调身作为练习气功的外在表现形态，是在一定的要领与准则下指导人体运动的，它给人最直接的感觉就是"形"。"形"也是认识气功的第一步。气功的形包括三个方面。一是肢体动作，这是气功的最基本形态。为达到不同的练功效果、目的而产生了各种各样的身体运动姿势。这些姿势有直接导引内气的，也有表达一定意象，体现一定思想规范的，对于身心有各种辅助作用。二是内脏运动，即通过外在的肢体运动而带动身体内的各个器官产生运动，从而锻炼脏腑功能。脏腑的运动则包括脏腑自身的运动和脏腑之间相互联系的改善。三是呼吸运动。即练习气功动作时配合各种呼吸方法，是练习气功的一个重要方面。动作、意念、呼吸有机密切配合，是练习好气功的必要条件。

所以调整身体各部位姿势，使之符合练习气功动作时的要求，对学好气功动作，提高锻炼效果很有关系，也是练习气功的基本功。因为正确姿势能促进气血的运行，错误的姿势则能阻滞气血畅通。所以形不正则气不顺，气不顺则意不守，形是气之宅，意之所依，因此历代养生家对于调身都是很重视的。尤其对初学者来说，应该先重形而后重意，首先要求姿势正确，由"形似"再向"神似"方向下工夫。初学者要注意规矩，"没有规矩，不成方圆"就是这个道理。看似简单，实际上基础得以巩固。因此初学者首先要注重调身的练习，有重点地专心纠正、克服一些不正确的姿势，有利于逐步提高。

练习气功对身体各部位的基本要求。

头部：头部为经脉之总会，五脏六腑之气血皆汇聚于此。大脑是生命的最高中枢，上丹田在脑中称为"元神之府"，各种生理信息都要集中在这里进行加工处理，全身各部的生理功能皆受大脑的调节，因此，练习气功时首先要注意头部姿势的正确与否，这不仅是立身中正的关键，还是诱导气血上升以养脑荣神，使神主宰全身生命活动的机能加强的重要方法。对于调整身形来讲，头部姿势起着提纲挈领的作用。

头要"虚领顶劲"，要求百会穴有轻轻上提之意，头上似轻顶一物，不让其掉下来一样，说明练功时头要保持正直，不可低头仰面、左右斜歪。

眼：由于练功时动作不同，对眼睛的要求也各不相同。例如，做采气功时先延展及远，随动作采气后眼神由远而内收至内视丹田。又如，站桩时眼要含光默默，自始至终内视丹田或其他意守部位。

面：面是身体健康状况信息图，每个人的身体健康状况变化可以在面部观察了解一二，全身脏腑器官在面部都有对应点，如眼通肝、鼻通肺、舌通心、耳通肾、口通脾等。经络气血均上于面而行，所以练功时为了使气血得以畅通、循环、调节，面部肌肉要放松，面部表情要放松自然。

口：口要轻闭，齿轻合，舌抵上腭。督脉起于会阴，止于上唇的龈交；任督起于会阴，止于下唇的承浆，所以舌抵上腭，能起到帮助任、督两脉贯通的作用，气功术语称为"搭鹊桥"。任脉属阴督脉属阳，所以有协调阴阳之功能，同时还能增生津液，待津液较多时，咽入胃脏有利于消化。津液还有生精化气的作用。

耳：耳是血管神经密集区，全身功能状态的信息通过各种渠道汇集于耳，所以耳部有治疗全身疾病的反应点，耳又是外界信息的集散地，因此练功时要耳不外闻而内听，内听气在丹田及意守部位的变化反应，对练功入静意守能起到良好的作用。

项：项是头与身枢联系的枢纽，是神经、血管、经络、气血的上下通路。项部姿势掌握得正确与否直接影响到经络气血的运行，进而影响全身的机能活动，因此练功时头要端正竖起，而且要松竖不要强硬，如果项部有紧张强硬的现象发生，会对神经产生刺激，影响到中枢神经正常运行。

肩：练习气功在松肩的前提下达到沉肩坠肘，是身体放松重要的方法，沉肩坠肘能起到帮助"含胸拔背"自然形成的作用，并有利于气沉丹田。肩部的放松和旋转，有利于手三阳经气血顺利运行到肘和手。但是沉肩坠肘同时要注意两腋虚空，不要把胳膊紧贴在肋部，要"肘不贴肋"；肩要与腰相合形成垂直线，这样符合立身中正的要求；两肩松沉并有微向前合之意，有利于气贴脊背；做动作时两肩要保持平衡，要防止运动与旋转时两肩一高一低现象的发生。

肘：肘要自然微屈松坠，要保持胳膊有一定的自然弯曲度，做动作时勿使胳膊伸得过直，从而形成手臂的放松、开合、升降、收放、螺旋缠绕等变化。

手：手心劳宫穴练习气功的重要穴位之一，它能起到发放和采纳气的练功效果。古人认为"气之根在手"，要求"呼吸在手"。"从经络学上来讲，手是三阳经和三阴经起点连接处，全身气血汇集于手。手部有许多穴位，通过练习太极棒尺内功，手掌内含持棒，可使内气不外散而蓄于内，起到按摩刺激手部经络穴位的作用，经常锻炼手，能起到促进气达于梢节、疏通经络之功效。

胸：胸要含，含胸要有宽舒的感觉，两肩放松微向前合，可使胸腔上下放长，横膈肌有下降舒展的机会，这样很自然地就会形成深呼吸，它是在不增加呼吸频率的情况下达到呼吸深度的。含胸可使重心下降和横膈肌活动得到加强，横膈肌的张缩变化可使肝脏和腹腔受到时紧时松的腹压运动，对促进肝脏功能活动和血液流通很有帮助。

胸部为阴经交会之所，胸含可使五脏阴经气血交换顺畅，从而保证了五脏功能的正常发挥。

此外练功时胸部的开合、折叠、运化，对于上肢活动亦有很大帮助作用，可促进气运达肩、肘、手。

腹：练功时腹部的开合收放，使腹腔内压加强，形成了内脏之间互相摩擦按摩，可促进胃、大小肠、膀胱、肾脏新陈代谢功能及这些器官的经络得以疏通，气血得以运行。古人称腹为"气海"丹田所在地。练功时腹部的深呼吸，有利于气沉丹田的作用，功深后还会达到腹内气在丹田鼓荡运转，有助于润滑胃及大小肠，同时又增强腹壁肌的韧性。练功时有时产生"腹鸣"的现象，是胃肠蠕动与腹内之气相摩擦的表现，这对增强消化系统功能，多吸收营养，提高排泄能力，调节生理，使消化系统达到最佳工作状态，具有良好的功效。

臀：练功时要求臀部内收，不要向后突臀，其主要作用是帮助松胯、松腰、提肛，和提会阴相配合，能促使气沉丹田。

收臀还利于身体保持立身中正和平衡，同时又可使身体重心下降，因为收臀可使整个脊柱下端的腰部放松和尾闾内收。

脊背：脊背与胸相关联，当胸向内含时能起到含胸拔背的作用，而两肩中间脊椎骨似有上提之意，这样背部肌肉就形成了一种弹簧力的感觉。

脊背是督脉气上行必经之地，含胸拔背可导引促使气沿督脉上行，有开通闭塞，使气顺利通过三关的作用。腧穴在背部是人身气血的总会，脏腑经气都由腧穴而相互贯通。练习气功应重视脊背的锻炼，可起到调整阴阳、调和气血的作用。

腰：练功对腰部的要求是松沉灵活。腰部的松沉灵活是为了上体之气降达丹田的练功功效，有助于动作变化的灵活，使身体重心稳定。肾位于腰中，是炼精化气之所，练功时就是通过腰部的旋转变化产生离心力而推动内气贯注于四肢梢节的。

腰为肾之府，肾为先天之本、藏精之舍、性命之要，生气之源命门在两肾之间，两肾属水，命门属火。练功时意守命门两肾，水火相济，精气自壮，调整经血以补亏损，炼精化气还原于身即可延年益寿。经常做腰腿螺旋缠丝动作，可以帮助松活腰胯关节，提高灵敏反应和柔韧性。

膝：膝部承担着全身的重量，而膝关节负担最大，因此，膝关节必须有力而灵活，为了保持立身中正的身法，两膝前后左右互相呼应，配合开裆圆胯，可使身体沉着有力。练功时要求用意识来放松，增强韧带弹性和灵活性，使气能够随心所欲地节节贯穿达于足，使关节锻炼得到滑润、旋转自如，使关节与关节之间能够充分地承担重量，从而增强耐力。在练功中应注意，为了保持立身中正、不偏不倚、保持平衡，膝关节以不宜超出脚尖为度（特殊动作除外）。

足：足底涌泉穴是练习气功的重要窍位之一，它能起到排除浊气并与地气相接的作用，古人认为在下"气之根在脚"，要求"呼吸在足"。足底涌泉穴又是肾经之源，肾气乃先天之本，由此可见足之重要。

从经络学来讲，脚是足三阴经和足三阳经起始点连接处，全身气血汇集足，脚底又是全身各部位的反射区。练习太极棒尺内功，能起到刺激按摩脚底的经络穴位和反射区的作用，使六经之气畅顺地循经走脉,从而达到练功祛病健身的目的。

足为步型、步法、身法的根基。根基不稳稍有偏差,步法身法必乱,必将影响到立身中正,进而影响呼吸的顺遂。练功时要求足部动作须正确、灵活、稳当。使步型步法有规律的变化与整体动作相配合,以支持和调节全身重心的平衡稳定。

综上所述,调身是调整形与气的关系。形是方法,而气是内容,对气功的认识与锻炼,如果仅仅停留在外形上,则是没有抓住实质,只是初级阶段效应。只有深入到"气"的层次,才完成了由外及内的过程。修炼气功到了高级阶段时的"内形"运动,此时才真正掌握了气功的运动规律。

第四节 精气神与丹田

道家认为,天有三宝日、月、星,地有三宝水、火、土,人有三宝精、气、神。人身三宝,损则多病,耗尽则亡;精足则气足,气足则神不衰。炼精化气,炼气化神。凝神炼气,炼气生精,精气神,相互转化、相互依存,实为一体。"寿命的长短,全靠精气神之盈亏"。因此,修炼气功,根据身体结构,在姿势安排和修炼方法上都十分重视对精气神的修炼。所以长期坚持练习气功,不仅能防病健身,还能使人体内精足、气满、神旺。

那么什么是精、气、神呢?中医理论认为,精、气、神是生命现象产生及其变化的根本。

一、精

　　精是构成人体的基本物质，也是人体各种机能活动的物质基础。对精的认识可以分为两类，一是先天之精，二是脏腑功能转化而成的精为后天之精。中医理论认为，先天之精来源于父母，藏于肾，所以肾有"先天之本，生命之根"之论。后天之精来源于脾胃，是依靠饮食水谷所生化而成。即饮食经人体消化吸收后变成精微的营养物质，将这后天之精输送于各个脏腑，成为各个脏腑活动的物质基础。先天之精也需要后天之精不断地补充营养，使之成为人体生命活动的物质基础。

　　练习气功意守下丹田功法，主要是炼精。这里所说的精，有三种含意：一是指精液；二是指气功修炼的气血之精华；三是指妇女的经血。人们气血亏损的原因，男人主要是由于性生活过度或者有遗精现象，身体各部器官机能受到损害而成病。妇女则多数是由于经血不调，使气血亏损而成疾。再则由于年老气衰所致。

　　古人称："丹田为生门，命门为死户""三寸气在千般用，三寸气断万事休"。三寸气即指命门，可见命门之重要。意守下丹田、意守命门对强壮肾气帮助极大，命门气足即可生精。一般练习气功者都会体验到练习气功能多生精液，性欲亢进，本气功加上守命门（妇女守关元气海）与守会阴两种练功法，就能更加多生精液，提炼气血精华和调整经血，以补充其亏损，并通过炼精化气等辅助方法，使精液上升炼化为气血，还原受益于身则益处更大。因为命门、会阴这两个窍位，与精液经血分泌输送器官相关联，练这两个守窍，可加强相关器官运动，调整其机能，结合意守丹田法所起的各种作用，即可增强精液分泌和调整经血之能力。精血充沛之后，五脏六腑以及百脉皆可通畅，身体便会恢复健康。

练习有了功夫可使元气充足，气足生精，精足而有阳举的现象。再炼精化气、炼气化神、炼神还虚，身体自会健康而延年益寿。

三丹田是根据道家内丹术中精、气、神谁为主道而划分的。丹田是指培养精、气、神的地方，是精、气、神凝聚伏结之处，道家把培育调炼精、气、神相关的重要窍位称之为"丹田"。

练习气功时意守下丹田主炼精，有生精、养精、炼精化气之功效。对于精气亏损，气血亏虚之类病症具有很好的疗效，使生理上有显著的变化，还可以起到将任、督两脉接通的作用，使内气在周身运行循环于大小周天。

二、气

气是一种极精微的物质，是构成世界万物的本源，是宇宙万物生化的根本。生物的化生、生长、繁殖、死亡都是由于气在起着决定性的作用。中国古代著名学者王充说"天地合气，万物自在"，说的就是气生万物的道理，"人在气中，气在人中，有气才有人"。

人体是由多种物质组成，可见的有皮肤、骨、血、毛发等，还有一种看不见的重要物质，这就是气。它通达于全身，布散食物的精微，温煦皮肤，充实形体，润泽毛发，它是构成人体生命本原的精微物质。这种物质越多，人的生命力就越旺盛，这种物质的不断消耗，会使人逐步走向衰亡。练习气功是在不断地补充和加强这种物质来抵抗衰老，以期延年益寿。气还是一种生命源动力。人体每时每刻都在进行工作，不断地进行着新陈代谢、消耗与积累，犹如一架不停运转的机器，"机器"的运转是需要能源与动力的，而气就是维持生命运动的能源与动力的总称。

人体中的气主要成分有三：

（1）先天气亦称元气。所谓先天气，是人从胎胞出生时由母体带入体内之气，也就是气血之气。因为胎儿在母腹内通过脐带把母体内的营养输送进来才能发育成长，先天之气也就包含其中。待婴儿降生后，剪断脐带，先天气归于脐内，分布全身集中在中丹田，故称脐为命之蒂，生命的根源。练气功就是要练由中丹田归入体内的先天之气。

（2）后天的水谷饮食通过从脾胃消化吸收转化的精微之气又称谷气。

（3）通过口、鼻、肺采纳吸入的空气又称清气。这三种气混合在一起共同发挥充养全身的作用。

由于气的来源和生成成分不同，所以反映在人体内的功能作用不同，气分布的部位也各不相同，所以气也有各种不同的名称。中医理论认为，气在阳即为阳气，气在阴即为阴气，气在胃为胃气，气在脾为脾气，气在里为营气，气在表为卫气，气在中焦为中气，气在上焦为宗气，气在下焦为元气等等。

内气运行分四层：

（1）气行体表：初级练习气功时，气行体表有酸、麻、胀、痒、凉、热、刺、痛的感觉，气功术语称其为八触。

（2）循经走脉：练习气功达到循经走脉时，能够疏通经络，促进经脉内气运行，经络交会反复循环联络脏腑肢节，贯通上下内外，无处不至，运行周身。

（3）气贯中腔：修炼气功达至后天转入先天功后，中气运行时已不受经络穴位的约束，内气运行如同流水贯入洞穴一样，身躯、胳膊、腿亦是如此。

（4）气至混元：修炼气功到混元气阶段时，要上封天门，下闭地户。在外气不入、内气不出的情况下，以意念和动作导引，它如同水在瓶子里运动时那样。

气是人体生命活动的一种"动力"。练习气功意守中丹田的过程也就是调动人体内部各种气的积极性的过程，运用可以随时得到调节、补充的后天之气去滋养、扶植先天之气，使之气血调和阴阳互济。气功修炼的过程是自我主动调整的过程，它对身体起着"自我修复、自我调整和自我控制"的作用。因此它能起到祛病强身、延缓衰老、延年益寿等作用。

所以古代修炼家称中丹田为"中央无极土，万物由此生"。把中丹田形象地比喻为是一块能种植、开花、结果的田地。

三、神

神主宰一身，心神之神是指大脑功能，包括人的精神、意念、思维、意识与心理状态，是神内在表现的特征；神的外在表现特征，如表情、目光、面色、气质、意识、体态等。当人体内精、气、血充盈，五脏六腑调合时，精力就旺盛，精神就饱满，故精能化气，气能化神，神能生气，气能生精，精神变物质，物质变精神，互相转化、互促互长。

炼精化气，炼气化神，摄神炼气，气液生精，互相依赖，互相转化，互相充实。精为基础，气为动力，神为主宰。

因为精、气是神的物质基础，所以当身体内精气血充盈时，生命活动强盛，神气也就自然旺盛。当人精神状态饱满时，人的面部表情、面色呈现红润光泽，神采奕奕，思维反应敏捷，行动灵活等。反之，精气不足、血脉空虚、脏腑功能低下不调时，人的面部及表情则表现出面色灰暗无光泽、目无神光、精神萎靡不振、无精打采、思维反应迟钝、行动迟缓等。

《内经》云：气为精之行，精为神之宅，神为气与精之用，各出于五脏，而五脏之中各有所主。气之主主于命门，精之主主于肾，神之主主于心。精固则气盈，气盛则神旺，神旺则形全，形全则长生。由此可见精、气、神互助互立、互依互存，精足则气足，气足则神不衰，神以气立，气以神存，精气神实为一体。

练习气功最重要的是大脑的意念控制先导作用。所以练功时重点强调用三性归一的方法来练功，三性归一，即意想、内视、内听，就是强调神在练功中起着主导控制作用。

练习气功时意守上丹田，有养神、炼神、炼神还虚、虚至神灵之功效。

第五节　性命双修　内外双求

道家气功认为，性命双修其意义有二：
（1）性功修炼的是神、魂、魄、意、志、定。
（2）命功修炼的是气、血、精、筋、骨、皮。
由此可以看出，性功修炼的是无形物质，而命功修炼的是有形物质，通过性命双修、内外双求的方法进行修炼，达到有形物质与无形物质在人体内有机地结合。通过调心、调息、调身，三者密切配合，以内炼精、气、神为主要目的，以意守放松入静为核心。道家气功把精、气、神称之为人身"三宝"，认为它是构成人体生命活动的主要物质。精、气、神三者之间能够相互依存、相互转化、相互依赖，性命双修是炼精化气、炼气化神、炼神还虚的过程，同时也是"精神变物质，物质变精神"的转化过程（图11）。两者在具备一定的条件下互相转化，其转化的形式就是能量转换。这就是练习气功能改变形体、祛病健身、增功、增智、开发人体潜能的功能所在。

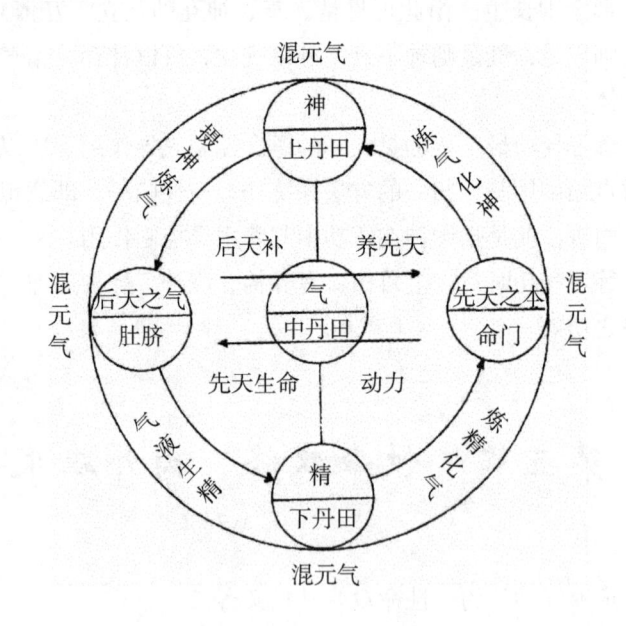

图 11 精、气、神转化图解

人体的各种潜能主要存在于无形物质中，当然，此种无形物质在人体中并非平均分布，有些部位表现的比较集中，有些部位则表现的比较弥散，其集中之处就形成了能量中心"丹田"。要开发人体的各种"功能""潜能"，主要从这些能量中心"丹田"及"窍位"着手，练功便可收到事半功倍之效。

中国有句名言："生命在于运动。"而练习气功是最好的运动方法。从以上可以看出，练习气功与体育运动的根本区别在于，体育运动着重锻炼有形结构，而气功在锻炼有形结构的同时又着重锻炼无形物质，并通过无形物质的变化而改进有形结构。两者的锻炼方式完全不同，所以练习气功具有一般体育锻炼所达不到的功效。道家气功所求的"性命双修""内外双求"就是这个道理。

第六节　论入静

入静是练好气功的关键。不同层次的练习方法，可达到不同程度的入静功效，入静有松静、平静、心静、定静、虚静、真静、明静、灵静8个层次。

松静：是练习气功时入静的初始阶段，首先要将注意力放在调整身体各个部位及动作的放松上，因身体的放松可导致思想意念上的放松入静，精神意念上的放松又可导引身体上的放松，两者之间互相影响、互相促进。

平静：在身体、精神、意念、松静的前提下，安下心来、平下心来清除一天生活中、工作中繁琐之事及日常生活经历之事，以达到思想情绪淡化，排除杂念，心平气和地进入练功入静状态。

心静：用三性归一的方法来达到练功入静的目的，即意不外驰而内守，眼不外看而内视，耳不外闻而内听地意守练功部位，这样就能潜意识里放弃眼、耳、鼻、舌、身对外界的感知作用。

这种以"锁心猿、拴意马"心神专一修炼入静的方法，气功术语称之为"封闭四门"，以引导练功入静，用以排除外部环境及自身内部环境对练功入静时的影响干扰。

定静：练功时要清心寡欲，以此来消除内心世界里的七情六欲对练功影响干扰。进行自我修补，战胜自我，不为世上七情六欲所动心，心定神安地来练功。

虚静：练功修炼至此阶段时，入静已发生了质的变化。修炼时可感到意、气、神相依，意守时似守非守，似有似无，体内某些感受器官和潜在功能调节系统被激活。

真静：万物俱虚，物我两忘，天地人浑然一体。人体内潜在功能得以调动激发，意识活动基本上消失，达到得意志象（形）。此为功无功，意无意，无功无意是真意的表现。达此阶段时获得了真正生理意义上的人身自由，即古人所讲超脱尘世而得道。

明静：练功进入无意无入静阶段时，人体内潜在的特异功能得以开发，随先天功及"开天目"觉明现象的深入，修炼时呈现出一些"内景观"行为，此时修炼身心状态步入了一个崭新的境界。

灵静：是入静的高深层次，人体潜在的特异功能得以调动激发。修炼时呈现出一些"内观景"和"外景观"行为。虽此阶段是入静的高深阶段，但艺无止境法自修，随入静活动的精进，还会继续向更深层次发展。

第七节　用心理影响作用于生理

练习气功时意守窍位，具有第二信号系统调节人体机能活动的作用。我们通过脉象仪测试，观察到当练功者意守劳宫时，相应部位上肢血流量呈显著地增加，而非意守部位的下肢血流量却有下降。当意守头部时则血压上升，意守足部时则血压下降。意守丹田取其中，呼吸频率显著减慢，激素也相应增加，下丹田区域血流量明显上升，意守部位周围皮肤穴位温度也明显上升。以上这些变化是气功功能状态下具有特征性的生理反应变化。因此证明了练习气功时由于意守部位不同，则练功功效也不相同。

当练功时可感觉到意守部位，例如手、足、丹田、命门、会阴等窍位有发热、跳动、发胀、气行等感觉，这便是气功中所讲的"气感"，是练功者进入气功态后，按照以意领气的原则，意到气到，气到血到，使相应的意守部位血氧增加的反应。这也是气功之所以能够自我调节、祛病强身的生理学基础。

我们观察到当人体进入放松意守入静状态时，对外周循环和微循环产生一定的影响。练功时外周血管由收缩转为扩张，表现在微循环多种指标的改善，毛细血管血流量也比平时增加14～16倍。由于外周血管的扩张和毛细血管血流量的增加，携带血氧等营养物质、激素也相应增加，可出现耗氧量、脑电、肌电、血压、心率、呼吸、频率和交感神经活动降低等变化。这也是许多老年人能够老年斑变浅或消失，能够鹤发童颜、五脏健壮的原因。

练习气功时通过放松、意守、入静，使中枢神经系统进一步得到调整、修复、平衡。同时也促进了循环系统功能，提高了机体免疫机能，影响生化代谢内分泌功能等，从而使机体自我调节系统趋向程序化更高的状态。这便是气功用心理影响作用于生理功能的精神变物质，物质变精神的体现。这对保健康复、防病治病、延年益寿、增功增智、开发人体潜能都有着极其重要的意义。

第八节 怎样划分先天气与后天气

先天：如同婴儿在母体内靠母体通过脐带输送营养供其成长，不用自己的口、鼻、肺进行呼吸，称之为先天气、先天呼吸。

后天：当婴儿降生后，以饮食供给营养赖以生存，用自己的口、鼻、肺来进行呼吸，称之为后天气、后天呼吸。

练功到什么阶段才能将后天呼吸转化到先天呼吸？练习气功时达到以丹田（胎息法）进行呼吸以后，是后天呼吸转化到了先天呼吸阶段的转折点和标志。

练习气功到什么阶段才能达到后天转变为先天？

为了说明问题，还要从婴儿说起。当婴儿出生落地，剪断脐带，先天气归于脐内分布全身，婴儿在成长过程中，有一部分还靠先天气供给营养物质，随着婴儿一天天长大，眼、耳、鼻、舌、心、身对外界感应、认识、理解的过程和七情六欲的产生，每天都在损耗着先天气，先天气在一天天的减少，为了保存赖以生存的先天气，婴儿在3岁左右就"囟门封闭"了，就是这个道理，民间称之为"封天灵盖"。

练习气功到了中气功的较深阶段，便可感到囟门重新开启，头顶部囟门处如同婴儿的"天灵盖"一样在动，随练功时的呼吸、气的升降而开合，此时可感悟到内气向上时囟门开启，内气如同流水一样，从囟门处向下浇灌五脏、贯注丹田后囟门封闭，如此反复循环。练习气功到了中气功的囟门开启阶段，是后天转化为先天的重要转折点和标志。

第九节　什么是七情六欲

无论采取什么形式，练习哪种功法，都必须排除七情六欲的干扰。喜、怒、忧、思、悲、恐、惊之七情六欲与气机的变化有着密切的关系。

七情：

喜则气缓。喜之过甚则气过缓，可致气短不续。

怒则气止。始伤肝，肝藏血，气为血之帅，肝气上逆，率血向上妄行，会导致呕血。如肝气横逆则克脾土，脾失健运，消化不良而致泻。

忧思气结。忧伤脾，思伤胃。思则精神集中，思久则气机不畅，致气留结于中而不行，能使脾胃消化功能呆滞。

悲则气消。悲伤过度则呼吸失常，气塞不通，塞而化热，热又耗气，从而导致气受消耗损伤。

恐则气下。恐伤肾，可致二便失禁。

惊则气乱。惊伤心，心藏神，惊则神乱，而致心气无所依，神无所归。

六欲：

眼、耳、鼻、舌、身、意；（外）
色、声、香、味、触、法。（内）
眼视色、耳听声、鼻嗅香、舌辨味、身觉触、意看法。

上述七情六欲可导致人体气机方面的病变，练功阶段尤须注意，以防受其侵害。练功时要求做到：心情舒畅，排除杂念，心神专一，呼吸自然，收视返听，含光默默，三性归一，意守丹田。采取这样的形式练功是一剂有效的良药，它能调节、疏缓身心方面的紧张状态，使大脑皮质在运动时得到充分休息，提高大脑皮质的机能，使肌体反应敏捷，动作灵活，从而减低神经系统的紧张性，防止因精神紧张因素诱发的诸多心理疾病。由此可见，气功不仅能促使身体健康，又能促进心理健康，身心俱健才算是真正的健康。

第十节 论经络

经络是经脉和络脉的总称。经脉贯通身体上下和表里，是经络系统中的主干；络脉是经脉别出的分支，较经脉细小，纵横交错，遍布全身。中医学认为，经络内属于脏腑，外络于肢节，是贯通脏腑与体表的通道。它一方面输送气血，调节体内组织功能活动，另一方面把人体上下内外、五脏六腑等器官、组织有机地联系起来，使之成为一个统一的整体。经络学说是研究人体经络系统循行分布、生理功能、病理变化及其与脏腑相互关系的理论知识，它是针灸、推拿、气功的理论基础。

一、经络系统的组成

经络系统由十二经脉、奇经八脉、十五络脉和十二经别、十二经筋、十二皮部，以及许多系络、浮络、血络组成。其中以十二经脉、奇经八脉为主体（表1）。

表1　经络系统表

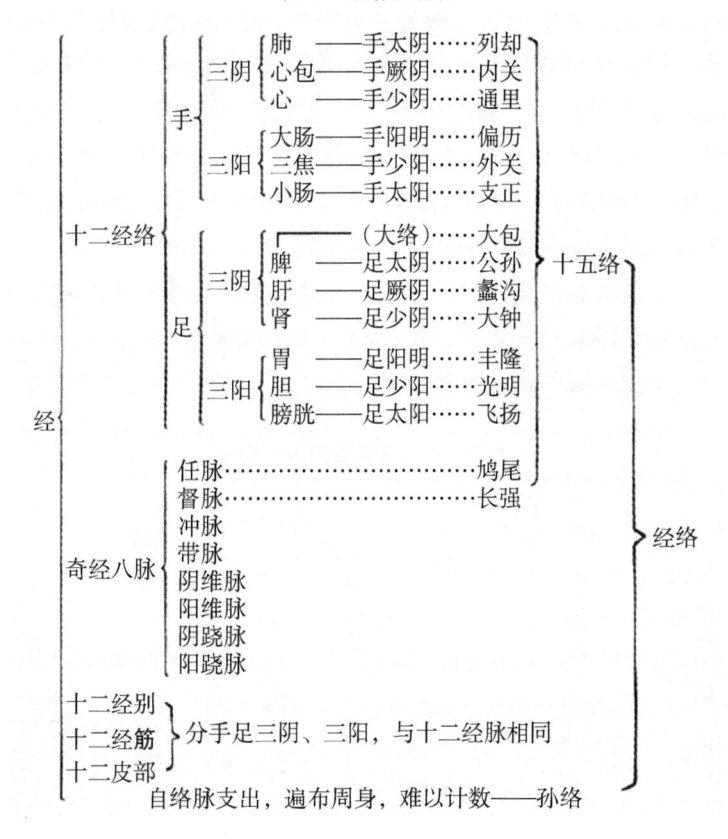

```
              ┌─三阴┬ 肺　 ——手太阴……列却
              │    │ 心包——手厥阴……内关
              │    └ 心　 ——手少阴……通里
           手─┤
              │    ┌ 大肠——手阳明……偏历
              └─三阳┤ 三焦——手少阳……外关
                   └ 小肠——手太阳……支正
  十二经络─┤
              │    ┌──────（大络）……大包
              │    │ 脾　 ——足太阴……公孙   ┐
              ├─三阴┤ 肝　 ——足厥阴……蠡沟  ├十五络
              │    └ 肾　 ——足少阴……大钟   │
           足─┤                              │
              │    ┌ 胃　 ——足阳明……丰隆   │
              └─三阳┤ 胆　 ——足少阳……光明  │
                   └ 膀胱——足太阳……飞扬    │
经─┤                                         ├经络
              ┌ 任脉………………………………鸠尾 │
              │ 督脉………………………………长强 │
              │ 冲脉                          │
              │ 带脉                          │
  奇经八脉─┤ 阴维脉                         │
              │ 阳维脉                        │
              │ 阴跷脉                        │
              └ 阳跷脉                        ┘

  十二经别 ┐
  十二经筋 ├分手足三阴、三阳，与十二经脉相同
  十二皮部 ┘

         自络脉支出，遍布周身，难以计数——孙络
```

37

二、经脉的循行

(一) 十二经脉的循行分布与交接

十二经脉左右对称地分布于头面、躯干和四肢，纵贯全身。六阴经分布于四肢的内侧和胸腹，其中上肢内侧为手三阴经，下肢内侧为足三阴经；六条阳经分布于四肢的外侧和头面、躯干，其中上肢外侧为手三阳经，下肢外侧为足三阳经。手、足三阳经在四肢的排列是阳明在前、少阳居中、太阳在后；手三阴经在上肢的排列是太阴在前、厥阴居中、少阴在后；足三阴经在小腿下半部及足背，其排列是厥阴在前、太阴居中、少阴在后，至内踝上8寸处足厥阴经同足太阴经交叉，变为太阴在前、厥阴居中、少阴在后。

十二经脉的走向是：手三阴经从胸走手，手三阳经从手走头，足三阳经从头走足，足三阴经从足走胸腹。

十二经脉的衔接见表2。

表2 十二经脉脏腑表里衔接

阴		脏（里）		腑（表）		阳
			胸中衔接	四肢衔接	头面衔接		
太阴	手	肺		手次指内端（商阳）	大肠	鼻孔旁（迎香）	手	阳明
	足	脾	胸中	足大趾内端（隐白）	胃		足	
少阴	手	心		手小指端（少冲、少泽）	小肠	内眼角（睛明）	手	太阳
	足	肾		足小趾端（至阴）	膀胱		足	
厥阴	手	心包		手无名指端（关冲）	三焦	外眼角（瞳子髎）	手	少阳
	足	肝		足大趾外端（大敦）	胆		足	

十二经脉通过手足阴阳表里经的连接而逐经相传，构成一个周而复始、如环无端的传输系统。

下面将分别介绍每一经脉的循行路线。

1. 手太阴肺经内气循行路线

起于中焦（中脘），向下联络大肠然后回绕过来沿着胃上口，通过横膈属于肺脏。其后由肺系（肺与喉咙联系的部位）横行出来（中府），向下沿着上壁内侧，行于手少阴经和手厥阴经的前面，下行到肘窝中，沿着臂内侧桡侧前缘出拇指内侧端（少商）；其支脉从列缺处分出，一直走向食指内侧端（商阳），与手阳明大肠经相接。

2. 手阳明大肠经内气循行路线

起于食指末端（商阳），沿食指桡侧上行，通过第一、二掌骨之间，向上入两筋之间凹陷处，然后沿前壁前方至肘部外侧，再沿上臂外侧前缘上走肩端，经过肩峰前缘，向上出于大椎穴（手足三阳经聚会处），再由此下行入缺盆联络肺脏，通过横膈，属于大肠；其缺盆部支脉上走颈部，经面颊入下齿龈，回绕至上唇，交叉于人中，分布在鼻旁两侧，与足阳明胃经相接。

3. 足阳明胃经内气循行路线

起于鼻翼两侧（迎香），上行至鼻根旁侧与足太阳经交会，向下沿鼻外侧入上齿龈，回出环绕口唇，向下交会于颔唇沟承浆（任脉），再向后沿口腮后下方，出于下颌（大迎），沿下颌角上行耳前经上关（足少阳经）沿发际到达前额（头维）；其面部支脉由大迎向下沿喉咙入缺盆，再向下穿过横膈属胃络脾

39

脏；其缺盆部直行之脉经乳头向下挟肋旁近入少腹两侧气冲；其胃下口部支脉沿腹里向下至气冲会合，再由此下行至髀关，抵伏兔穴，通过膝盖沿胫骨外侧前缘下经足跗，到达第二足趾外侧端（厉兑）；其经部支脉从膝下（足三里）分出，入足中趾外侧；其足跗部支脉从跗上（冲阳）分出，入足大趾内侧端（隐白）与足太阴脾经相接。

4. 足太阴脾经内气循行路线

起于足大趾末端（隐白），沿大趾内侧赤白鱼际，遇大趾节后核骨上行至内踝前，再经小腿肚沿胫骨后交出足厥阴肝经的前面，经膝、股内侧前缘上行入腹，属于脾脏，联络胃，然后贯横膈上行，挟食管两旁上系舌根，散舌下；其胃部支脉上贯横膈注于心中，与手少阴心经相接。

5. 手少阴心经内气循行路线

起于心中，出属于"心系"（与心相联系的脏器），穿过横膈联络小肠；其心系向上之脉则挟食管上行连于"目系"（眼球联络于脑的部位）；"心系"直行之脉上行于肺，然后出于腋窝（极泉），沿上臂内侧后缘行于手太阴经和手厥阴经的后面，抵达肘窝后沿前臂内侧后缘至掌后豌豆骨部，入掌内，沿小指内侧至末端（少冲）与手太阳小肠经相接。

6. 手太阳小肠经内气循行路线

起于小指外侧端（少泽），沿手背外侧至腕部出于尺骨茎突，然后沿前壁后缘向上，经尺骨鹰嘴与肱骨内上髁之间，沿上臂外侧后缘继续上行，出于肩关节，绕肩胛部交会于大椎（督脉），向下入缺盆联络心脏，并贯横膈到达胃脘部，属于小肠；其缺盆部支脉沿颈部上达面颊，至目外眦，然后转入耳中（听宫）；其颊部支脉上行经目眶下抵鼻旁，至目内眦与足太阳膀胱经相接。

7. 足太阳膀胱经内气循行路线

起于目内眦（睛明），上额交会于巅顶（百会，属督脉）；其支脉由头顶行至两侧颞颥部；其直行之脉由头顶入里联络于脑，回出后分开下行项后，沿肩胛内侧下行，挟脊柱抵达腰部，然后从脊旁肌肉进入腹腔，联络肾脏，属于膀胱；其腰部支脉经臀部下行进入腘窝中；其后项之脉通过肩胛内缘直下，经臀部（环跳）沿大腿内侧继续下行，与腰部下行的支脉会合于腘窝中，然后由此下行，经小腿肚内出于外踝的后面，沿第五跖骨粗隆至小趾外侧端与足少阴肾经相接。

8. 足少阴肾经内气循行路线

起于足小趾下，斜向足心，然后出于舟骨粗隆下，沿内踝后近入足跟，再由腿肚内侧上行，出腘窝内侧，沿股部内后缘上行，通向脊柱，属于肾脏，联络膀胱；其肾脏直行之脉由肾向上通过肝并贯穿横膈进入肺中，沿喉咙上行挟于舌根部；其肺部支脉由肺部出来联络心脏，流注于胸中，与手厥阴心包经相接。

9. 手厥阴心包经内气循行路线

起于胸，中出，属心包络，向下穿过横膈，从胸至腹依次联络上、中、下三焦；其胸部支脉沿胸中出胁部，至腋下并上达腋窝，然后沿上臂内侧下行，进入肘窝后在前臂两筋之中继续下行进入掌中，沿中指到指端。

41

10. 手少阳三焦经内气循行路线

起于无名指末端（关冲），向上出于第四、五掌骨间，由腕背出于前臂外侧桡骨与尺骨之间，向上通过肘尖，沿上臂外侧上达肩部，交出足少阳胆经的后面，向前入缺盆，分布于胸中，联络心包，向下通过横膈由胸至腹，属上、中、下三焦；其胸中的支脉从胸向上出缺盆部上走项部，沿耳后直上至额角，再曲而下行至面颊部到达目眶下部；其耳部支脉从耳后入耳中，出走耳前与前脉交叉于面颊部，到达目外眦与足少阳经相接。

11. 足少阳胆经内气循行路线

起于目外眦，向上至额角部，下行至耳后，然后沿颈部行于手少阳经之前，在肩上与手少阳经相交并行于其后，向下进入缺盆部；其耳部支脉由耳后入耳中，出走耳前到目外眦后方；其外眦部支脉下走大迎，会合于手少阳经而抵目眶下，并下行经颊车，由颈部向下会合前脉于缺盆，然后入胸中，通过横膈联络肝脏，属于胆，再沿胁内出于少腹两侧的腹股沟，经过外阴部毛际横行入髋关节部；其缺盆部直行之脉下行腋部，沿侧胸部经季肋向下会合前脉于髋关节，再沿大腿内侧向下，出于膝部外侧，经腓骨前方下行到腓骨下段，再下至外踝前方，沿足跗部进入足第四趾外侧端。其足跗部支脉从足临泣分出，经第一、二跖骨之间出于大趾端，穿过趾甲，回至趾甲后毫毛处与足厥阴肝经相接。

12. 足厥阴肝经内气循行路线

起于足大趾外侧毫毛处（大敦），沿足跗部向上，经内踝前方向上，在内踝上方（三阴交）交出足太阴经的后方，上行至膝内侧，继续沿股内侧上行至阴毛，绕阴器上达小腹部，挟胃旁，属于肝脏、联络胆腑，向上贯横膈分布于胁肋，并沿喉咙后方上行入鼻咽部，连接于"目系"（眼球联系于脑的部位），向上出于前额与督脉会合于巅顶；其目系的支脉下行颊里，环绕唇内；其肝部支脉从肝分出，贯穿横膈向上流注于肺，与手太阴肺经相接。

（二）奇经八脉的循行与分布

奇经八脉交错地循行分布于十二经之间。它们既不直属脏腑，又无表果配合关系，别道奇行，故为奇经。其分布也不像十二经那样有规律，其中督、任、冲三经皆起于胞中，同出会阴，督脉行于腰背正中，上至头面；任脉脉行胸腹正中，上抵颌部；冲脉与足少阴肾经相并上行，环绕口唇；带脉起于胁下，环腰一周，如同腰带；阴维脉起于小腿内侧，沿腿股内侧上行，至咽喉与任脉会合；阳维脉起于足跗外侧，沿腿膝外侧上行，在项后会于督脉；阴跷脉起于足跟内侧，随足少阴等经上行，与阳跷脉会于目内眦；阴跷脉起于足跟外侧，伴足太阳等经上行，与阴跷脉会合后沿足太阳经上额，与足少阳经会于项后。

奇经八脉的功能一方面贯通十二经脉之间的联系，另一方面调节十二经气血的运行，故与气功锻炼密切相关。气功锻炼达到一定境界，气运周天均与任督两脉有关。其中小周天为任督脉贯通，大周天为任督与十二经脉贯通。

下面分别介绍奇经八脉的循行路线：

1. 任脉内气循行路线

起于小腹内，下出于会阴部，向前上行至阴毛部，沿着胸腹内壁向上到达咽喉部，再向上行，环绕口唇，经面部进入目眶下。

2. 督脉内气循行路线

起于小腹内，下出会阴部，向后行于脊柱的内部，上达项后风府，然后进入脑内，上行巅顶，沿前额下行鼻柱，至上唇内唇系带处。

3. 冲脉内气循行路线

起于小腹内，下出于会阴部，然后上行于脊柱之内，其外行者经气冲与足少阴交会，沿腹部两侧上达咽喉，环绕口唇。

4. 带脉内气循行路线

起于季肋部的下方，斜向下横行绕身一周，如同腰带。

5. 阴维脉内气循行路线

起于小腿内侧，沿大腿内侧上行至腹部，与足太阴经相合，经胸与任脉会于颈部。

6. 阳维脉内气循行路线

起于足跟外侧，向上经过外踝，沿足少阳经上行至髋关节，经胁肋后侧由腋后上肩，至前额，再下至项后，合于督脉。

7. 阴跷脉内气循行路线

起于足舟骨后方，经内踝沿大腿内侧上行，经过阴部沿胸内继续上行，进入锁骨上窝，然后经人迎的前方上行，过颧部，抵目内眦，与足太阳经和阳跷脉相会合。

8. 阳跷脉内气循行路线

起于足跟外侧，经外踝上行至腓骨后缘，再沿股部外侧和胁后上肩，经颈部上挟口角，进入目内眦，与阴脉会合，再沿足太阳经上额，与足少阳经合于风池。

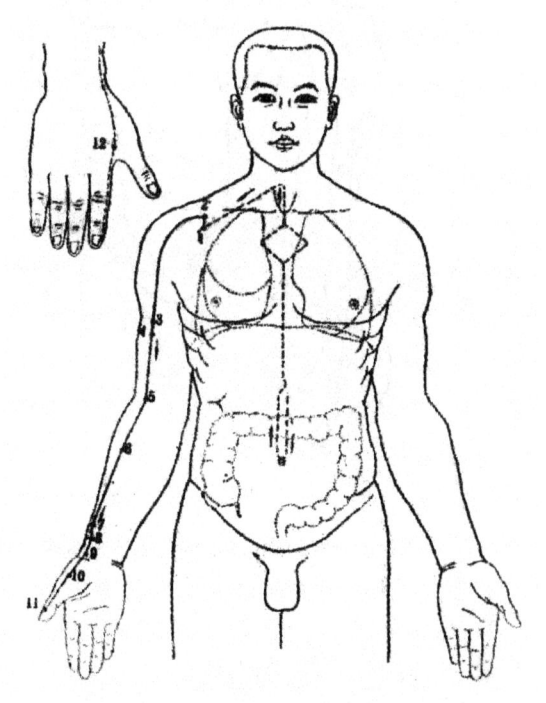

图12 手太阴肺经内气循行示意图

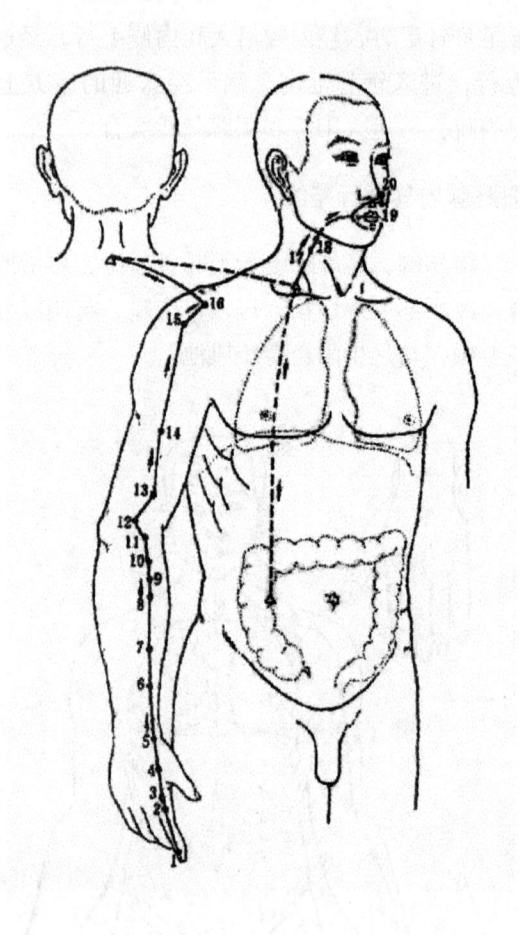

图 13 手阳明大肠经内气循行示意图

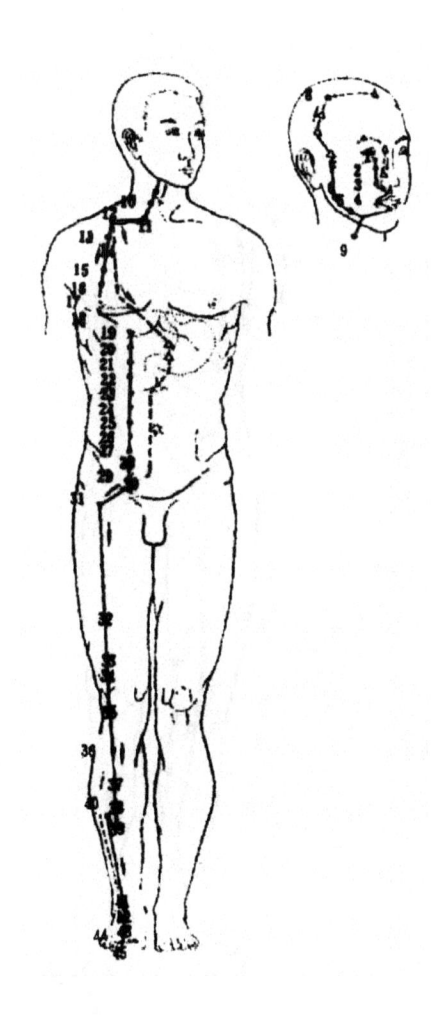

图 14　足阳明胃经内气循行示意图

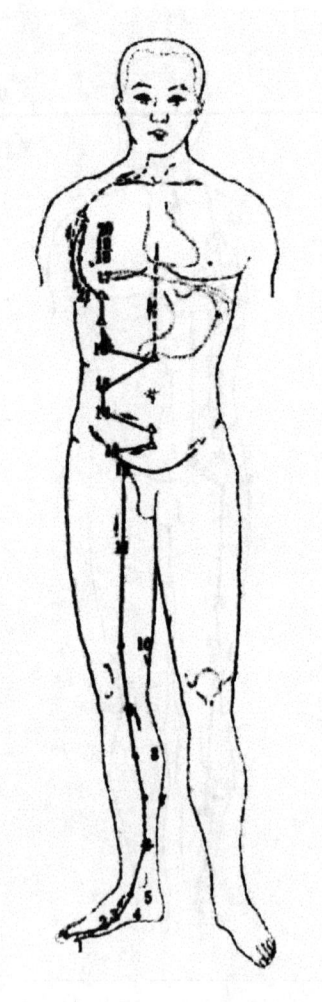

图15 足太阴脾经内气循行示意图

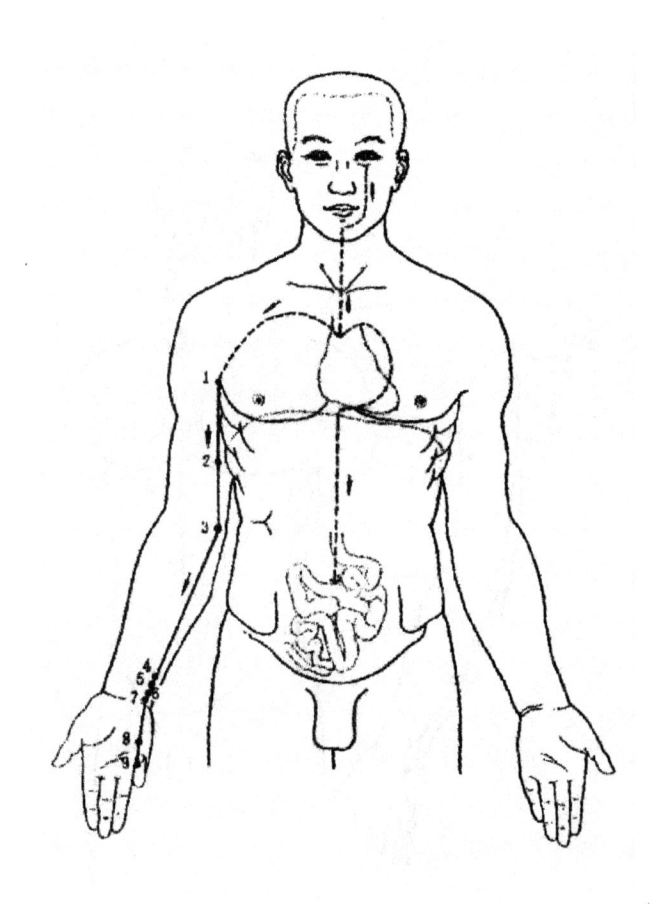

图16　手少阴心经内气循行示意图

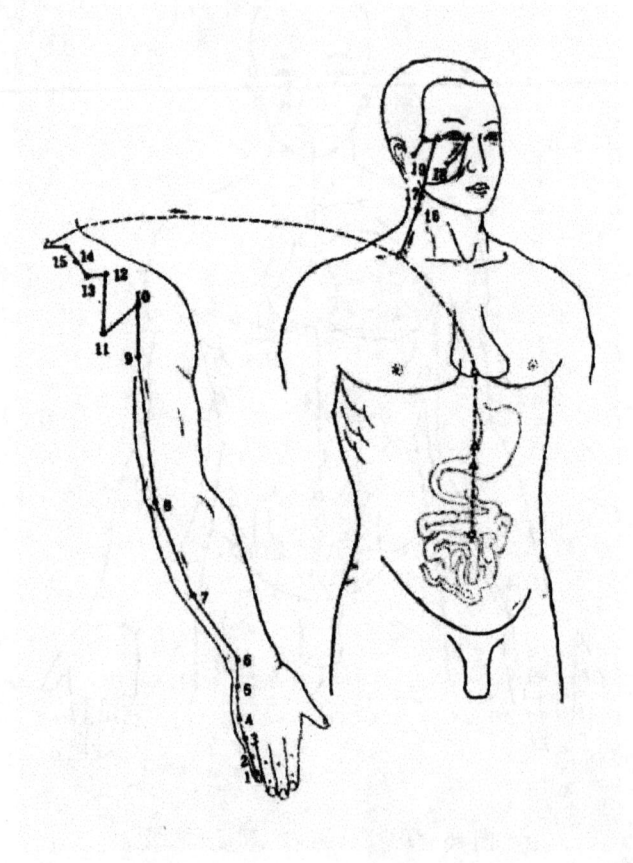

图17 手太阳小肠经内气循行示意图

第二章　太极棒尺内功理论基础

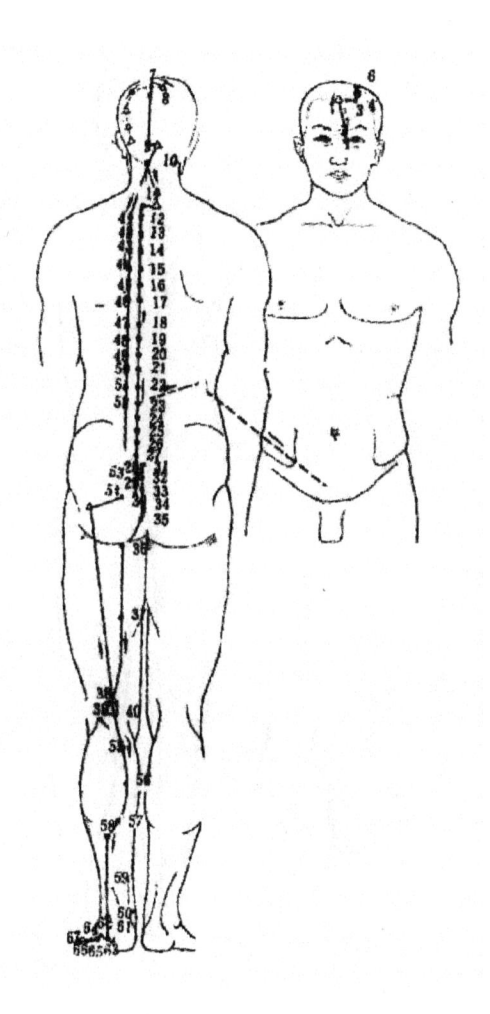

图18　足太阳膀胱经内气循行示意图

51

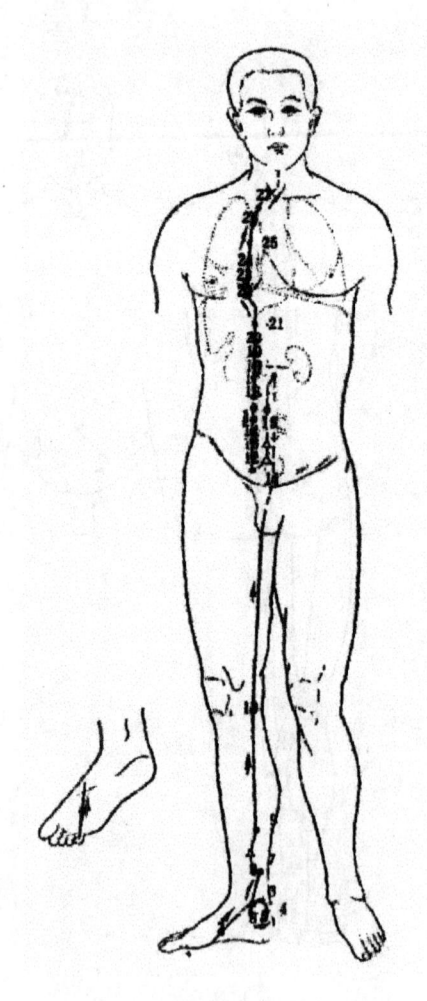

图19 足少阴肾经内气循行示意图

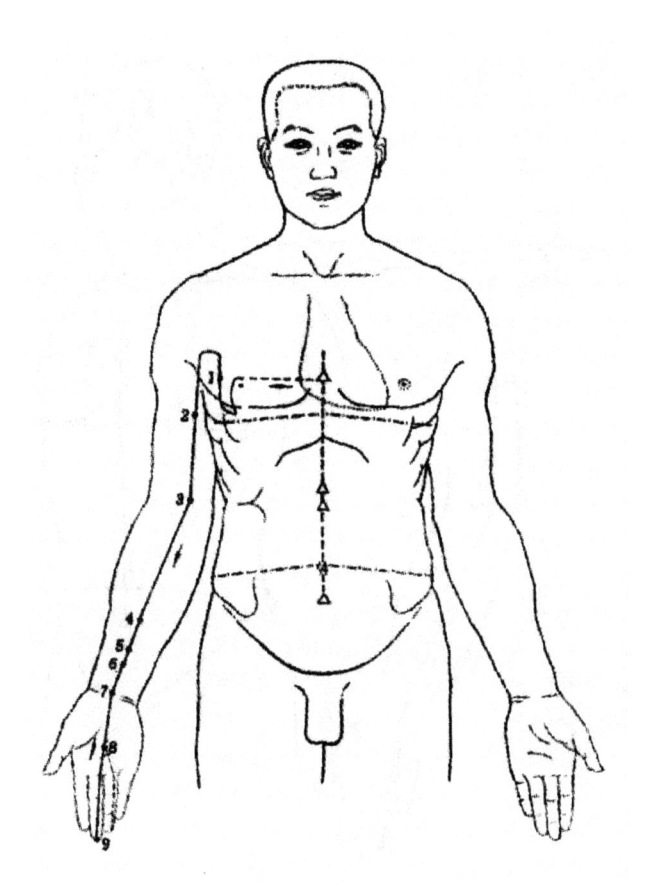

图20 手厥阴心包经内气循行示意图

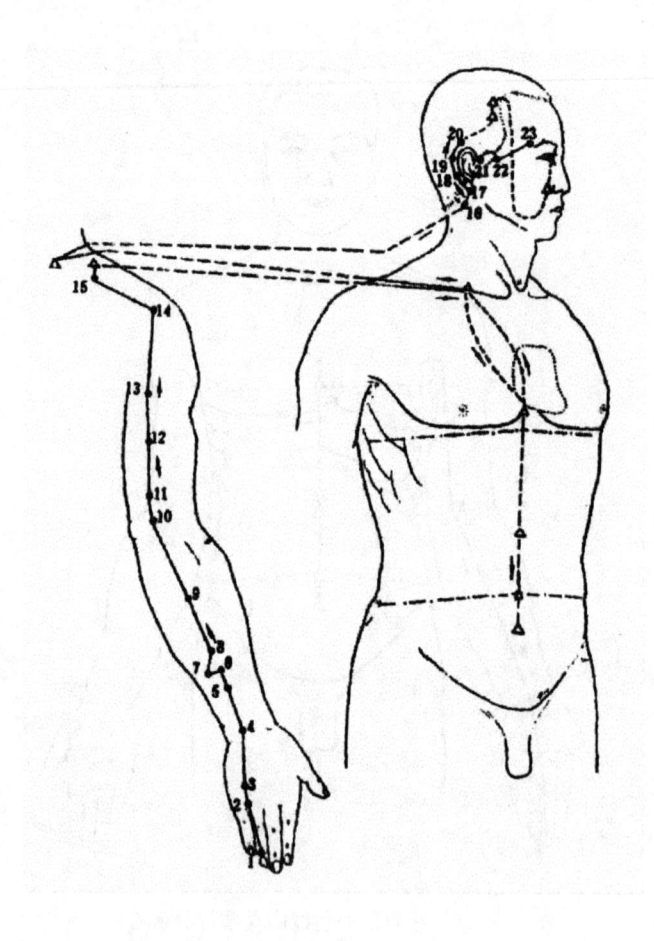

图 21 手少阳三焦经内气循行示意图

第一章　太极棒尺内功理论基础

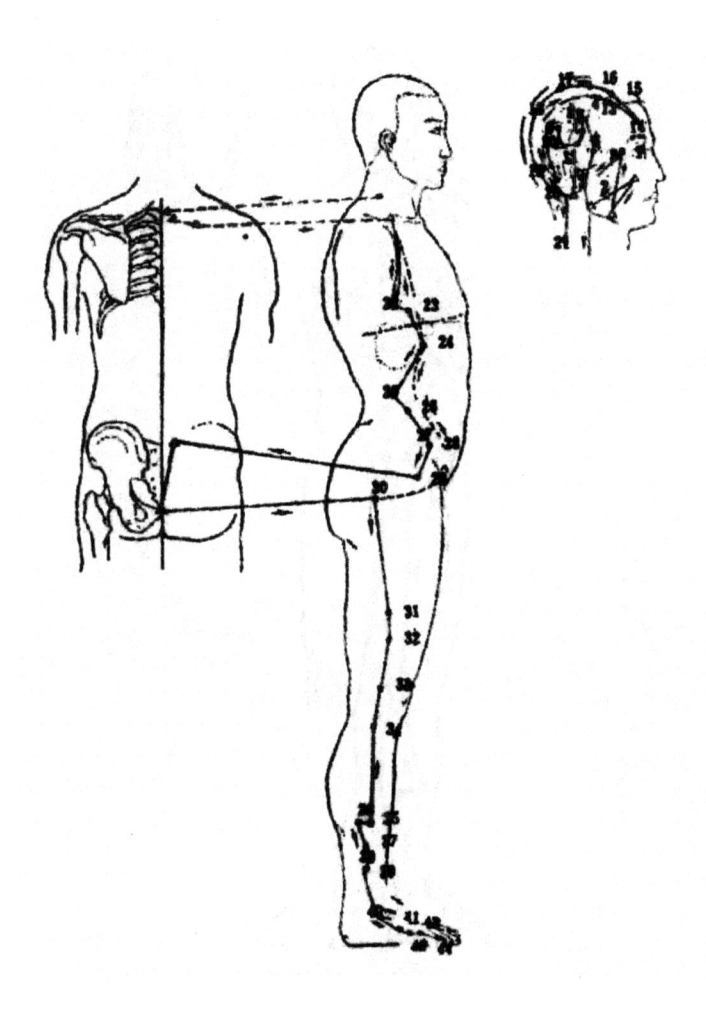

图 22　足少阳胆经内气循行示意图

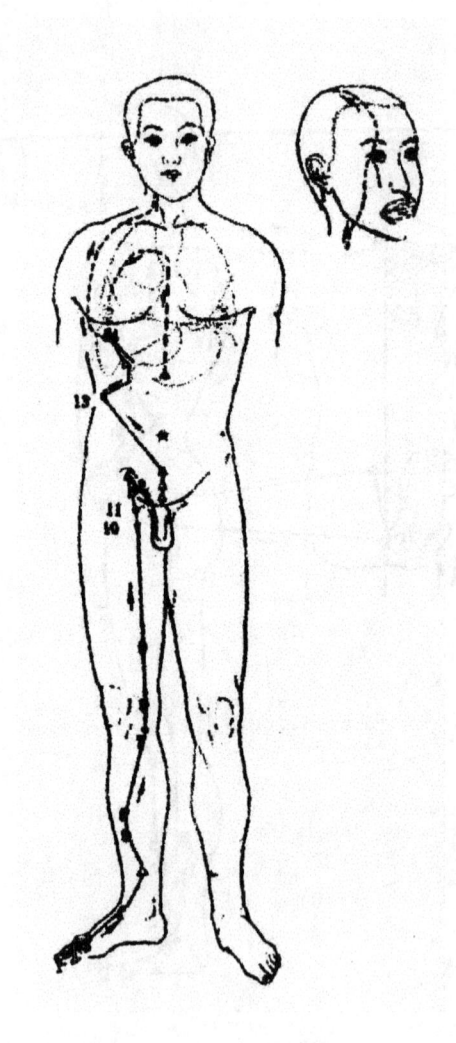

图 23　足厥阴肝经内气循行示意图

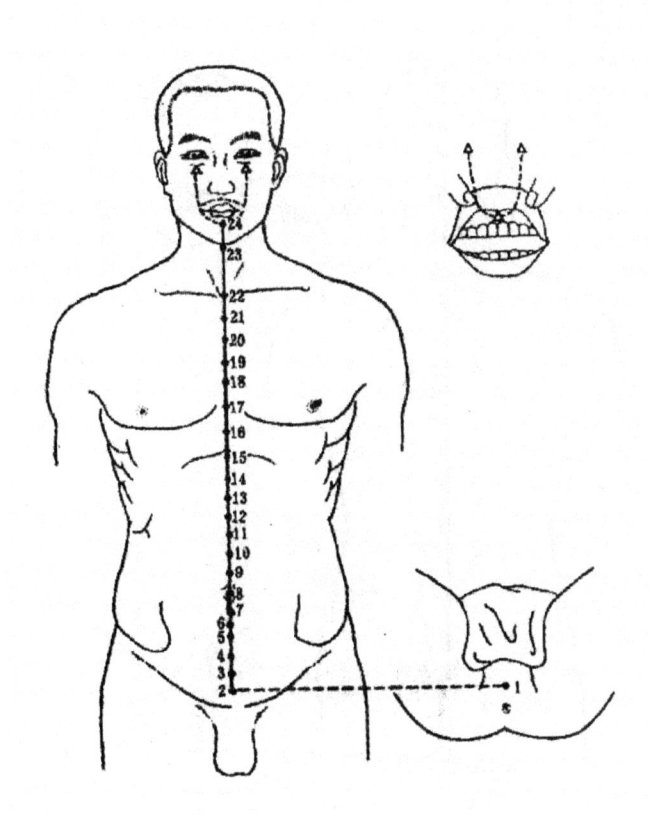

图 24　任脉内气循行示意图

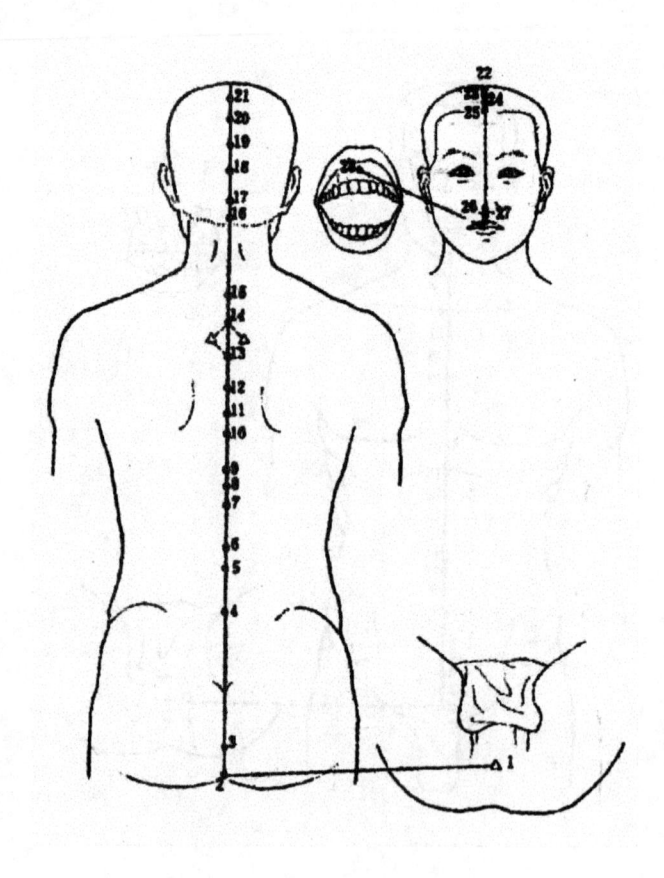

图25 督脉内气循行示意图

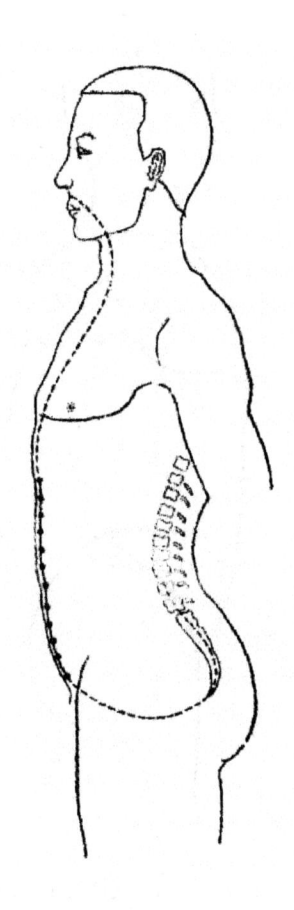

图 26　冲脉内气循行示意图

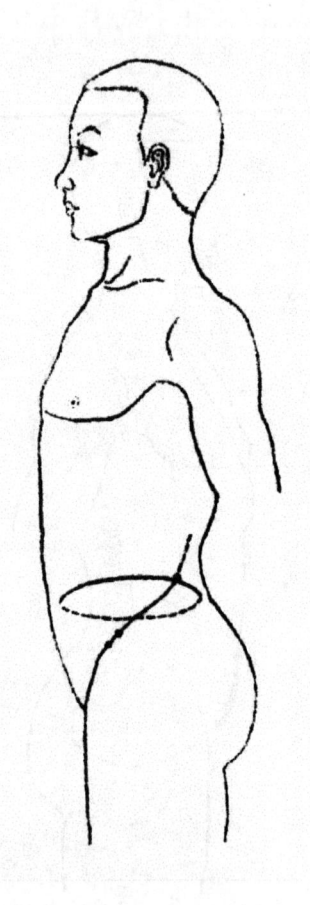

图 27 带脉内气循行示意图

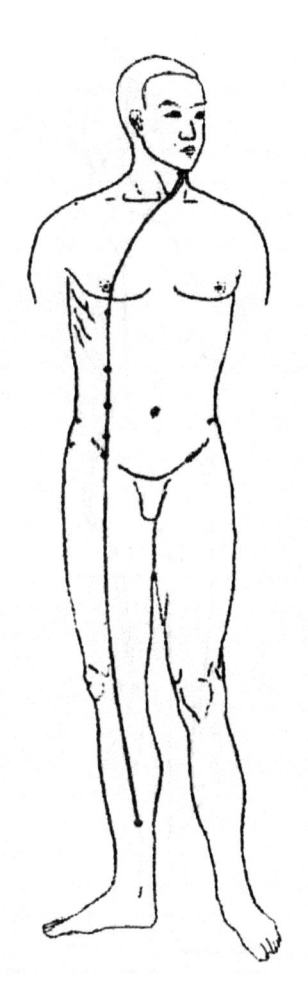

图28 阴维脉内气循行示意图

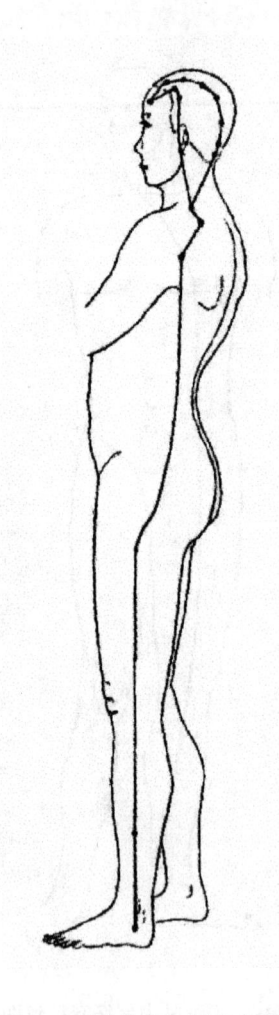

图 29 阳维脉内气循行示意图

第一章 太极棒尺内功理论基础

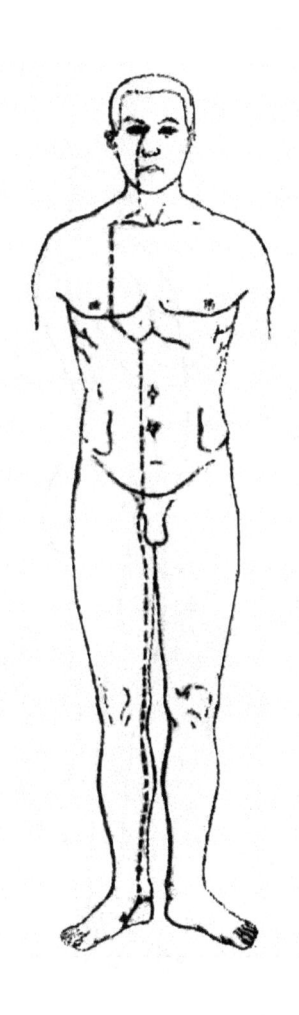

图 30 阴跷脉内气循行示意图

图 31 阳跷脉内气循行示意图

第十一节　手与内脏

太极棒尺内功又是手部按摩术，练功时由于技术方法不同、力度角度不同，所以产生的练功效果各不相同，它可直接起到刺激穴位、疏通经络、活血化滞、促进调整与手部经络相关的脏腑的作用。

（1）大拇指：具有调整肺功能和有助于促进调整呼吸系统新陈代谢的作用。

（2）食指：具有调整大肠、胃、胰脏和肝功能的作用。

（3）中指：具有调整心脏循环系统功能的作用。

（4）无名指：具有调整三焦经及神经系统视频中枢功能的作用。

（5）小拇指：具有调整小肠消化系统、心脏功能及生殖器官功能的作用。

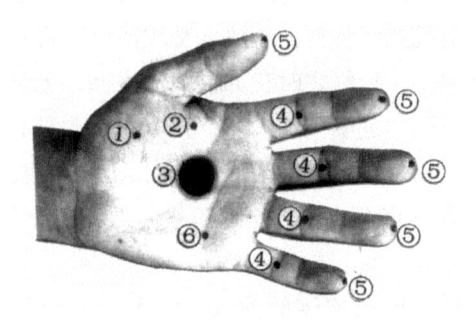

图32　手部穴位

①鱼际　②内合谷　③劳宫　④四缝　⑤十宣　⑥少府

表3　五行、五脏、五色的对应关系

五行	金	木	水	火	土
五脏	肺	肝	肾	心	脾
颜色	白	绿	黑	红	黄

第十二节　开天目功

练气功至"觉明"阶段，每当练静功意守上丹田时，可感觉天目已开，在祖窍处有一团"亮光"犹如一轮明月系于眼前。引其神光入脑，便觉"密室生辉"；引其光下照中丹田，中丹田犹如透明水晶球体状，当内气涌动之时晶莹透澈似水，光辉四射，溢香飘飘；引其光下照下丹田，犹如海底广阔幽深，当精气涌动之时，观底兜照隐隐泛白。

引其光普照周身觉全身通明，观其五脏五色显现，循脏察其经穴，经络犹如江、河、小溪，交织网络，穴位如村镇星罗棋布，布满周身，行气之时犹如涓涓流水循环无端。

修炼气功至"觉明"阶段时，尤为注意的是必须节制性生活，此时如一有性生活或遗精的现象，如釜底抽薪，"觉明"现象便会消失，直至再修炼至此阶段时才能再度复现"觉明"现象。

艺无止境。随着修炼的深入，将由"觉明"阶段向"神明"阶段迈进，此阶段气功术语称之为"观外景"。

第十三节　太极棒尺内功的健身功效

太极棒尺内功是中国特有的运动方式，它可在同一时间内综合地完成神经、呼吸、血液、经络、消化、内分泌、肌肉、骨骼等方面的锻炼，用以调节人体的平衡系统。

可以说，练习太极棒尺内功可使人们用最宝贵的时间，达到最佳运动锻炼的效果。经常坚持练习太极棒尺内功，能达到以下健身效果。

一、调节神经系统

太极棒尺内功是在大脑支配下的意气运动，以心理活动影响生理活动。意到气到，气到动作到，气达于梢的练功要领，再配合手、足部位的练功动作，直接起到了对神经系统的调节作用。从人体的神经系统分布状态来看，手和足属于颈胸分布末梢区，较为敏感。因此，通过交感神经、副交感神经的传导，对内脏能起到反射调节作用。再通过意守丹田练功要领的导引，腹式呼吸的配合和动作的相助，达到气沉丹田的练功效果。这样使支配内脏的中枢神经系统产生兴奋，直接起到了刺激影响内脏器官的作用。

从现代解剖、生理学观点分析，丹田和一些重要的练功部位，恰好是重要神经中枢和内分泌腺体所在地，如大脑、胸腺、腹腔神经丛、肾上腺、性腺、脊髓等等，这些都是人体重要的部位。太极棒尺内功的独特和捷径之处，就在于直接刺激影响神经系统时，可产生强烈的传导感，这种传导感可使兴奋神经趋向稳定状态，使抑制神经被激活，从而使人体的神经系统进一步地得到调整、修复和平衡。同时还可促进生化、代谢、内分泌等功能，提高人体的免疫机能，从而使人体自动化调节系统趋向有序化程度更高的状态。

经常坚持练习太极棒尺内功，对防止由于神经系统病变所产生的疾病，例如神经衰弱、神经痛、神经麻痹、神经萎缩、胳膊和腿麻木等等，尤为有效。

二、增强呼吸系统

太极棒尺内功采用腹式呼吸，要求呼吸与动作自然配合。动作相开时为吸气，使膈肌上升，腹压减弱，重心上移，胸压增强，加大了肺活量。动作相合时为呼气，便膈肌下降，腹压增强，重心下降，胸内压减弱，随着呼吸和动作的变化，达到"胸宽腹实"的状态，能改进胸廓活动度。有调整肺功能和胸膈的状态，增加肺活量，使呼吸肌发达，恢复肺的弹性，开发肺功能潜力的作用。

因此，经常坚持练习太极棒尺内功，习练者呼吸频率会减少，肺活量比一般人大。对防止由于呼吸系统病变所产生的疾病，例如咳嗽、气亏、气管炎、胸痛、肺炎、肺气肿等等，均有良好的功效。

三、疏通循环系统

　　练习太极棒尺内功螺旋缠绕式的动作，能使全身各部位的肌肉群总是绞来绞去，一松一紧，一刚一柔，一收一放，一开一合，交替变化运动。这种独特的练功方式，能促使肌肉间的静脉血液加速回流到心脏，心脏供血充足了，通过动脉向全身排出的血液就会增加。另外，练功时在意念的导引、呼吸的配合、动作的相助下，能促进心搏能力，使心肌得到锻炼。从而加大加速血流量，提高血管容积，增强血管的韧性和弹性。还有利于疏通血液循环系统，清除血液中和沉积在动脉和静脉血管壁上的有害物质，使胆固醇含量下降，血脂降低。

　　经脉象仪测试表明，练习太极棒尺内功还具有改善微循环的作用，使外周血管扩张，毛细血管血流量比平时增加了15~16倍。由于外周血管的扩张和毛细血管血流量的增加，习练者体感到手足、丹田、命门等意守部位有发热、发胀、气行、气动等现象，这就是练功时的所谓气感。毛细血管随血流量的增加，携带氧、激素等营养物质的能力也相应地增长，同时清除了附在外周血管和毛细血管壁上沉积的有害物质。这是许多老年人通过练功能够童颜鹤发，老年斑变浅或消失的原因。

　　因此，经常坚持练习太极缠丝功，能引起细胞产生温热反应，活化细胞，使血管扩张，血管容积增大，血管通透性明显得到改善，促进血液循环，使血管、外周血管、毛细血管中血流速度增快，末梢血流量增加，红细胞和血红蛋白有所增长，软化动静脉血管，增强血管壁弹性，清除血液中的有害物质，还可降低胆固醇、血脂,改善心肌供氧,增强心脏功能。对防治由于循环系统病变所产生的疾病,例如高血压、低血压、贫血、动脉硬化,以及由于心脏供血不足引发的各种病症,均有良好的功效。

四、畅通经络系统

中医学理论认为,人体的健康与经气畅通有着密切的关系,故中医理论总是气血并提。经常练习太极棒尺内功,一般都会产生手脚发热、发胀、气动、气行、指尖如针刺的感觉。在背、胸、头、胳膊、腿等部位都有气动、气行的现象。中医认为这是体内行气的现象,是经络畅通的反应。

练习太极棒尺内功在意到气到,气到动作到,气达于梢的练功要领指导下,要求动作螺旋缠绕地形成圆形运动。使肌肉、韧带、关节在均匀连贯地反复旋转活动中得到无微不至的运动,调整呼吸,调节神经,畅通气血,流转贯注于四梢,达到固本荣枝的目的。中医经络学说一直很重视人体的四肢末梢,认为手脚的末梢是十二经络的终点和起点的连接处。所以,经常坚持练习肩、肘、手、胯、膝、足等部位的太极棒尺内功动作,有助于十二经络的畅通和内气的循环运行。

功夫较深者练习太极棒尺内功时,则能进一步地体感到,胳膊和腿内犹如有水银流动一样,沉稳而敏捷。在意念导引、呼吸配合、动作相助下,气沉丹田时,还能体感到丹田内气动、丹田内气旋转、丹田内气鼓荡等现象。其功效在于能使膈肌产生上下运动,胸压和腹压交替变化,促使五脏六腑进行自我按摩运动,五脏六腑是十二经络的大本营,这样更有助于十二经络及全身经脉的畅通和内气的循环运行。

因此，经常坚持练习太极棒尺内功，对防治由于经络系统内气运行不畅所产生的气滞、气亏、身冷、手脚发凉等等现象，尤为有效。

五、促进消化系统

太极棒尺内功采用腹式呼吸、气沉丹田的方法，可使支配内脏器官的神经产生兴奋，膈肌活动幅度明显增大，活动范围是平时的 3~4 倍。改善了腹肌的收缩与舒张，因此，增强了腹腔内压，使腹部温度增高，促使胃、肠、肝、肾、膀胱随之产生自我按摩式运动。从而提高胃肠道平滑肌的张力和收缩力，加速胃肠的蠕动，促进胃肠消化液的分泌，加强了消化、吸收和排泄功能。练功时有口液增多和肠鸣感的现象，就是促进胃肠消化能力的表现。

因此，经常坚持练习太极棒尺内功，具有促进消化系统功能、改善体内物质代谢的作用。对防治由于消化系统病变所产生的疾病，例如胃痛、消化不良、食欲不振、便秘、小便不利等等，均有良好的功效。

六、锻炼肌肉组织

肌肉的基本特征是收缩与放松，收缩时肌肉缩短，横断面增大，放松时则相反。肌肉组织的物理特征是伸展性与弹性。练习太极棒尺内功螺旋缠绕式的动作，能使全身各部位的肌肉群总是绞来绞去，都能参加运动。这种锻炼方式不像举重、投掷、健美等竞技体育运动那样，给肌肉以强烈的刺激，使局部肌肉僵硬和隆起。太极棒尺内功锻炼肌肉的方式，是在意、气、形合一的状态下，一松一紧、一刚一柔、一收一放，一开一合，交替变化运动中进行的，从而使全身的肌肉得到均衡的锻炼。所以，这种独特的锻炼肌肉的方式，能促进血液循环加快，从而使肌肉需要的氧气和营养物质得到及时的补充，促进乳酸等代谢产物的吸收和排泄，提高肌肉的运动能力，使肌肉匀称丰满，柔韧而富有弹性。由于肌肉收缩与放松、伸展性与弹性的增强，对关节和骨骼的牵拉作用也得到了加强，使骨的形态结构和性能都产生良好的变化。运动时可减少肌腱和骨之间的摩擦，提高运动的转换能力。

因此，经常坚持练习太极棒尺内功，能使习练者较快地掌握新的动作要领，促进演练太极拳套路的动作更加协调优美、舒展大方。对防治由于肌肉组织病变所产生的疾病，例如肌肉酸痛、肌肉痉挛、肌肉劳损、肌肉萎缩、肩背痛、腰腿痛等等，尤为有效。

七、加强关节活动，坚固骨骼

练习身体九大关节和各部位太极棒尺内功的动作时，由于各关节呈螺旋缠绕式的圆形运动，因此扩展了关节的活动范围，增强了关节结构、关节韧带、软骨滑膜层、纤维层、半月板、骨膜、关节囊等，起到了保护关节和限制关节的作用。

关节和骨骼呈螺旋缠绕的运动时，能使该部位周围的肌肉、韧带、肌腱、神经、血管、经络等同时综合地得到锻炼。

练功时关节处有时发出"咯咯"响动的声音，就是促进关节软化运动的良好反应。长此以往，能使关节之间、骨与骨之间的连结更加稳固，骨密质增强面坚固。促进骨液分泌，对骨质营养的吸收和病变的修复，预防骨骼老化、变形，起着重要的作用。

经常坚持练习太极棒尺内功，使关节的稳固性、柔韧性和灵活性增强了，能提高太极推手技击和防守的有效率，还能提高关节和骨骼的抗折、抗弯、抗扭转方面的性能，达到减轻冲撞和震动的作用。对防止由于骨质病变所产生的疾病，例如关节炎、颈椎病、骨刺、骨质增生、椎间盘突出等等，均有良好的功效。

综上所述，可以看出练习太极棒尺内功与体育运动的根本区别在于，体育运动着重锻炼有形结构，而太极棒尺内功在锻炼有形结构的同时，又着重锻炼无形物质精、气、神，并通过无形物质的变化而改进有形结构。两者的锻炼方式完全不同，所以，练习太极棒尺内功具有一般体育运动锻炼所达不到的功效。

第三章　太极棒尺内功学练方法

第一节　循时修炼

据易经之理，一年分四季，十二个月，二十四节气。气候不同，自然界阴阳消长亦在随之而不断地变化。其变化必然影响到人及物。春为长，夏为旺，秋为收，冬为藏。因此修炼者应当参照一年四季十二个月的阴阳变化有规律地来进行练功。

春夏两季练功应以养阳为主。秋冬两季阳气潜藏，练功应以养阴为主。阴得养则阳潜而内藏，保持生命之能力，以待春季来临，生机萌发。故内经云："春夏养阳，秋冬养阴。"其意是春夏是阴消阳长之时，所以春夏练功应选择在六阳之时，秋冬是阳消阴长之时，故秋冬练功应选择在六阴之时，顺应自然界天地气候变化而修炼，以达天地人相合。

据易经之理，一日分为十二个时辰，十二个时辰之中，子时为阴极而阳生，阴消阳长，从子时起，丑、寅、卯、辰、巳六时辰为阴气渐消渐衰，而阳气渐生渐盛，所以称为六阳时。

午时为阳极而阴生，阳消阴长，从午时起，未、申、酉、戌、亥六时辰是阳气渐消渐衰，而阴气渐长渐盛，所以称为六阴时。

循时练功之意，是根据一年之内不同的季节变化和一日之内不同时辰的阴阳消长变化规律而修炼。必须循天地自然界变化之理，人相应地协调阴阳，选择适合自己情况的季节时辰来练功。此名为"生气之时"和"同气之时"。以取外而补内，疏通经络，促进气血运行。

练功时间与方位，来源于古典名著《内经》中的"子午流注"学说。它是根据自然界的一切事物有规律的周期性变化，研究人体生理机能活动、病理反应变化及与自然界周期性同步变化的关系。基本内容有脏气法、五脏配五行、经络气血流注有时等等。

子午流注之意，具有阴阳、时间、方位变化的含义。如一年分为春、夏、秋、冬四季；一日分为早、中、夕、夜，子、午、卯、酉四时。子时为阴盛之时，阴极则阳生。午时为阳盛之时，阳极则阴生。卯、酉为阴阳各半、阴阳平衡之时。子午为经，指南北、上下方位。并与南北极磁场相关。卯酉为纬，指东西、左右方位。流注本指自然界水之流动转注，而在气功修炼时，则指人体内气血流动循环变化。

因人本身有一个生物钟，生理变化和生活规律是与自然界变化规律相吻合的。经络的开合也是与自然界变化规律相吻合的，随时间而变化，所以选择在与脏腑经络相通应的时辰（时间）来练功，功效会更好一些。

例如，午时 11~13 点，此时与心气相通，是心经气旺之时，调养心脏功能应选择在此时练功。又如，酉时 17~19 点，此时与肾气相通，是肾经气旺之时，调养肾脏功能应选择在此时练功等等。如此类推。

下面是各脏腑气旺的时间表：

胆经气旺于子时	23~1 点
肝经气旺于丑时	1~3 点
肺经气旺于寅时	3~5 点
大肠经气旺于卯时	5~7 点
胃经气旺于辰时	7~9 点
脾经气旺于巳时	9~11 点
心经气旺于午时	11~13 点
小肠经气旺于未时	13~15 点
膀胱经气旺于申时	15~17 点
肾经气旺于酉时	17~19 点
心包经气旺于戌时	19~21 点
三焦经气旺于亥时	21~23 点

子时气血流注于胆

胆者，中正之官，决断出焉，属木，肝之腑之，为中清之府，十一络皆取决于胆。人之勇，祛邪正于此，故从胆，有胆量方足担天下之事。胆主仁，故以胆断之。胆附于肝之短叶中，仁者无穷也。属足少阳之脉，少血多气。

丑时气血流注于肝

肝者，将军之官，谋虑出焉。肝木脏，魂所藏，居于膈膜之下，亦有系络，上击下心包，其经叶中有胆附焉。盖肝者干也，以其体状有枝干也，其合筋也，其容爪也，开窍于目。属足厥阴之脉，多血少气。

寅时气血流注于肺

肺者，相传之官，治节出焉。肺为金脏，魄所藏，为五脏之长，心之盖生气之原，上接喉窍，下覆诸脏，主呼吸出入，为人身之营盖。肺者沛也，中有二十四孔，分布清浊之气，以行于诸脏，使肺然莫御也，其合皮也，其索毛也，开窍于鼻。属于太阴脉，少血多气。

卯时气血流注于大肠

大肠者，传道之官，五味出焉。属土，脾之腑也，故从田。田乃五谷所出，以为五谷之市也。又胃者卫也，水谷入胃游溢精气，上出于肺，畅达四肢，布护周身，足以卫外而固也，上接喉窍，居于膈膜之下，其左有小肠。属足阳明之脉，多血少气。

辰时气血流注于胃

胃居中焦，五行亦属于土。《灵枢·玉版》曰：胃能容受消化，饮食以生气血。胃者，水谷气血之海也，《素问·玉机真藏论》中说，五脏者，皆禀气于胃，胃为五脏之本也，胃气以降为顺。

巳时气血流注于脾

脾居膈下，位于中焦，为阴中之至阳，在五行中属土，主至于长夏。脾为后天之本，气血生化之源。脾气主升，脾主运化，有流摄血之功能。脾主肌肉，其华在唇，开窍于口。《灵枢·本神》曰：因志而存变，谓之思，思为脾之志，少血多气。

午时气血流注于心

心者，居主之官，神明出焉。心火脏，故不欲。其炎上盖，心者新也，心主血脉，日新，新新不停，则为平人，否则

77

病矣。其合脉也，其荣色也，开窍于舌，其位居于肺之下，心包之上，其有系络上系于肺。凡脾胃肝两肾膀胱各有一系络，系于包络之旁以通于心，故包络为心之外卫，心为五脏六腑之君主。属于少阴之脉，少血多气。

未时气血流注于小肠

小肠者，受盛之官，化物出焉。属火，为心之腑，居于胃之左，上接于胃，其下即大肠、膀胱，门之粗者出大肠，清者渗入膀胱。盖人纳水谷，脾化气而上升，肠则化而下降。以肠者畅也，所以畅达胃中之气也，畅通则为平人，否则病矣。属于太阳之脉，多血少气。

申时气血流注于膀胱

膀胱者，州都之官，津液藏焉，气化则能出焉，属水，为肾之液。盖膀胱者，膀胱光也。言气血之元气足，则津液穷达不穷，而肌膝皮毛皆因以光泽也。为足太阳之脉，多血少气。

酉时气血流注于肾

肾者，作强之官，技巧出焉。肾，水脏，藏精与志，为先天之本，精神之舍，性命之根也。盖肾者引也，能到引气通于骨髓，又肾者任也，主骨即任因房之事，故强弱系之，其合骨也，其荣发也，开窍于二阳。属足少阴之脉，少血多气。

戌时气血流注于胆中（心包络一名手心主）

膻中者，臣使之官司，乐出焉。为水脏之外行，故曰相火。代君王而行事，亦有主名，保以系之以手，盖以平厥阴之脉，出属于心包手三肠之脉，散络心包是手与心主合，所以心包络称心主五脏，加此一脏实六脏也，即手厥阴足络，多血少气。

亥时气血流注于三焦

三焦者，决三宝之官，水道出焉。属火，为心包络之腑。盖焦者热也，三者上中下三焦之气也，满腔中热气布护始能通水道。上焦不治则水流高源，中焦不治则水流中腔，下焦不治则水乱二便。三焦气治则脉络通，而水道利。故曰，决三宝之官。属于少阳脉也，少血多气。

但是修炼气功不必拘泥于此，对于练功时辰的选择，古人又多强调在子午卯酉四时来修炼，称之为四正时。并把此四时比喻为：朝晨为春，日中为夏，日入为秋，夜半为冬。子时属阴，阴气正盛，为阴极阳生之时。一阳生五阴降，一阳生于五阴之下，自然界阳气来复，天地人相应，可助人身元阳之气发生，可助肾水上升、精化为气。故道家气功重视子时练功，子当生火、起火、进火炼丹。子时练功主静，此时修炼应以静功为主，以动功为辅。练功方位：面朝北。

午时属阳，阳气正盛。为阳极阴生之时。一阴生五阳降，此时人身之气正走于心经，心为阳中之阳，两阳相合，阳气必然亢盛，但此时一阴生阳气渐渐呈下降趋势，因阴阳互为其根，所以此时练功必助元阴之气生长，而收敛亢阳，使诸阳之气随一阴潜降而不至于刚燥。此时修炼应以动功为主，以静功为辅。练功方位：面朝南。

卯时日出阳进之时，为四阳二阴，阳进阴消，人身阳气长势已成。此时练功正助阳气茁壮成长。卯时在人身经气正走于胃，胃属土，土生万物，胃乃后天之本。道家气功强调炼后天补先天，故重视在卯时修炼。练功方位：面朝东。

酉时日落夕阳之时，为四阴二阳，自然界气候由清转混，

79

此时练功有助元阴之气充盛，利于阳气藏养。酉时在人身经气正走于肾，肾属水而藏精，精乃先天之本。肾精外泄成人，闭固修炼则精化成气，阳藏阴中为真阳。故道家气功修炼重视炼精、固精、养精，所以重视强调在酉时练功。练功方位：面朝西。

子、午、卯、酉四时的阴阳变化是自然界阴阳消长的转折点。天地人相应，人以天地之气而生，所以气功修炼应顺应自然界变化，可促进人体阴阳相互平衡，相互协调。依子午练功是修炼心肾，使心肾相交，上下相固，达到水火相济，是修炼小周天功，古时称之为"子午周天"。依卯酉练功是修炼大周天功，古时称之为"卯酉周天"。

第二节　学练步骤

初学者学练太极棒尺内功一般分为三个阶段。

第一阶段：练形阶段。就是认真学习掌握各段功法的动作要领，做到准确、顺畅、熟练地完成各功法动作。要熟记一种功法动作，操练时保证动作的连贯完整性，在做动作的同时，要边做动作边检查，要注意身体各部位是否符合要领，逐渐掌握动作规范及要求。

这一阶段是练形阶段，要力求达到外三合与周身相合，注意力应集中在练形上，即动作上。不要过多地注意意念，更不要去追求、执著于意引气行的路线、窍位及呼吸等等。要顺其自然，这是练习好本功法的基本功。一定要反复认真学练，为下一阶段的提高打好基础。

第二阶段：练气阶段。在第一阶段的基础上，将注意力逐渐转移到呼吸与动作的配合上。按功法所要求的呼吸方法配合动作进行练气，呼吸要求做到均匀深长，呼吸与动作要配合得当，练功时感到气通顺舒畅不憋气。认真掌握好内三合与外三合的配合一致，这样就能逐渐培养内气，使内气增长，为下一阶段的提高打好基础。

第三阶段：行气阶段。在能够准确地完成功法动作，并能够很好地同呼吸意念配合起来练习之后，就可将注意力转到运气行气上来了。这就要更切实掌握、体会意念要求，并在练功时用心体会用身体验。经过第二阶段练功后，一般都能产生很强的气感。将内气按照各功法的动作、意念要求在体内运行，争取达到意到气到、气到动作到、内外合一内外相呼应的练功效果。从而逐渐修炼达到更深的练功境界。在这段练功时要注意的是，要熟记意念要求，要自然而然地行气，不可过于紧张，逐渐达到轻松适意的练功境界。特别是开始练习用意引气行气时，可先不考虑经过哪些经络哪些窍位，而只用意引气最后达到目的地（意守窍位）即可。经过一段时间练习之后，自然会体感到气运行过程中的感觉，但即便此时也切记不要强求气按自己的想法执著地运行，还要求顺乎自然，要力求达到功无功，意无意，无功无意是真意的练功境界，为以后的进步提高打好基础。

第三节　练功注意事项

练功前准备事项：

（1）练功前要整理情绪、排除杂念，以求心安意宁情绪平定，情绪有较大波动时不易马上练功。

（2）练功前要排除大小便。

（3）练功前要宽解衣带，有利于身体放松和气血循环。

（4）练功前应先做一些放松关节肌肉的功前准备活动，以利于消除身体及精神上的紧张状态。

（5）在室外练功应选择在空气清新、无污染、无噪音、环境优美的地方。

练功中注意事项：

（1）练功时间长短、次数及选择练功内容，应按自己的身体状况和工作状况来确定，以练完功后感到精神饱满，一天的生活工作精力旺盛为度。

（2）练习气功应按部就班有序地来练功，不能急于求成、只图进度快，在还没有达到某层次时就过早地修炼下一步功法，这种拔苗助长式的练习方法不可取。

（3）要在有经验的气功老师指导下练习，如练功中遇到问题出现一些反应现象，要及时反映给老师以求正确指导，以免产生偏差。

（4）练功时如出现气动、循环、肠鸣、自发功、幻觉等练功反应现象时，要正确理解对待，不要刻意追求，任其自然。

（5）练功中如出现疲劳时应暂停练功，待消除疲劳后再继续练功。

（6）练功时如遇雷鸣闪电的气候时，应暂停练功，以免受到惊吓使气机紊乱。

（7）每次练完气功后，应认真做好收功。

（8）妇女在月经期间、怀孕期间，应减少练功时间和强度，如遇不适，应暂停练功。

（9）男子在练功期间，应减少房事或禁止房事，以免损失元气，影响练功效果。如房事后或遗精应注意休息，不宜马上练功。

练功禁忌：

（1）饥饿时和饭后不宜马上练功。

（2）患有高烧、感染、失血、外伤的情况下应禁止练功，待病好后再练功。

（3）传染性疾病患者应禁止与他人一起练功。

（4）禁止酒后在神志不清不能自控的情况下练功。

（5）患有植物神经紊乱，癔病，精神、情绪控制不佳者不宜练习气功。

高血压病人的练功要领：

练习气功不仅可以控制血压的上升，还能起到有效降低血压的作用。但如果方式不当，则适得其反而加重病情。

高血压病人练功时要注意三个字——静、松、降。静：即心静，不为杂念所干扰，最好选择安静的绿化地带进行练功，心静神安可以降低大脑皮质的兴奋性，有利于植物神经功能的调整和血管舒缩的调节，从而起到降压的作用。松：即要求在活动中肌肉放松，降低外周血管的紧张度，使血管舒张，血压则不会上升。降：即把意念向下想。意守下腹部丹田处或足心涌泉穴，再配合动作和呼吸导引向下，有利于降低血压。

我们通过脉象仪测试观察到，选择适合自己身体状况的意守部位非常重要。当练功者意守腹部丹田时，血氧流量显著地在该部位增加，激素也相应增加，呼吸频率显著减慢，血压呈下降趋势。尤其是当练功者意守会阴、涌泉穴位时，血压下降明显。而当练功者意守头部的祖窍、百会、囟门穴位时，血流量显著地在该部位增加，激素也相应增加，意守部位周围皮肤穴位处温度上升，血压也相随上升。低头弯腰、屏气用力都是高血压患者的禁忌。低头时，由于重力作用可使人脑循环血流量增加，血管壁紧张，易引起头昏、头重，有时还会诱发脑血管破裂，引起脑溢血。屏气可使胸腹部压力增加，血压上升，而且屏气时心脏射血阻力也增加，一旦放松，心脏泵出的血液会对脑动脉形成冲击，也会诱发中风。因此，高血压病人练功时不宜做体位变化幅度过大的动作，也不宜进行剧烈对抗竞争性项目。以上练功实践经验和仪器测试，为我们今后科学练功提供了依据。

第四章　太极棒尺内功修炼法

第一节　炼丹要诀

气功的实质就是意气相合、神气合一，气功的特质基础是精、气、神。气功的质量取决于习练者本身精、气、神的质量，所以欲提高气功，首先应从培养壮大精、气、神入手。精足则气足，气足则神旺，神旺则形全。以养为主，养练有机的结合就是修炼功夫的内涵。其关键在于要"抓住丹田炼气功"。要气气归根，根在丹田。这是修炼丹田的要诀。

抓住丹田练气功就是以心为主宰，开合、收放、出入皆在丹田。想开时主动，则气出丹田运行四肢；想合时主静，则气由四梢归合于丹田；前进时，则气由命门通向肚脐；后退时，则气由肚脐引至命门；左旋时，则丹田左转，气沿带脉左转圈；右转时，则丹田右转，气沿带脉右转圈；中定时，则上、中、下三丹田中气贯通。周身缠丝旋绕，皆与丹田内转相合。"抓住丹田练功"是修炼气功重点中的核心，意念的开合收放，动作的开合收放，呼吸的开合收放，都要配合丹田的开合收放。

要意、息、形相依，势势归根，息息归根，气气归根，根在丹田。气气归根，其意就是意想着丹田的呼吸，耳内听丹田的呼吸，眼内看丹田的呼吸，三性归一，意守丹田。意、息、形相依而归根，神气合一在丹田。久之则丹田内生气、生血，气满丹田，丹田自壮，气血旺盛，周流全身，荣华四梢，内强外壮，生机勃勃。腹内丹田犹如充满了内气的皮球。抓住丹田练气功是道家修炼气功根本所在，此乃练功之捷径。

修炼丹田还要会练会养。所谓养，即养气、养精、养神为首要。十年练功要十年养气。气以直养而无害，久久养练形成浩然正气。气血者，吸天阳以养气，吸地阴以养血，气为主而血为配，"有形之血于无形之气，有形之血不能速生，无形之气则当早固"。气化物生，气盛物壮，气正则物和。所以气应养，精足气足，气足则神旺。要静心安身，清心寡欲，固精养精保精，精气虽满而不外泄，炼精化气，还原于身。气足则神旺，神入身则长生，念止神来，念动神离，心静则神宁，静心能养神。所以练习气功者，心要静，静养精，静养气，静养神，静才能三性归一意守丹田练气功。

修炼气功动作宜慢不宜快，因慢练而养气，慢练能形与气相合。所以练功须从无极始缓慢而动，而收功结束，默默停止，形似潺潺流水，又似和煦春风，柔顺和缓，沉稳兼备。每招每式均要缓慢，开展时要缓慢，沉合时要缓慢，一起一落要缓慢，总之慢能思上下左右是否相随，慢能感知外内是否六合为一，慢能求神气不断，慢能求周身一家。心静慢练，随着外形动作和缓而动，引动内气于体内缓缓而行，使意气相合，使神形合一，顺其自然之势，合其自然之运，含其自然之机，合其混元之道，达至物我两忘之境。

因此，修丹练功者要静心慢练，养心静练，顺其自然，不得强求，会练会养才能功进大成。

一、无极起势

两脚平行与肩同宽，头正项直，百会朝天，两目微闭，含光默默，轻合齿唇，舌抵上腭，沉肩坠肘，两腋虚空，两臂自然下垂，双肘微屈，含胸拔背，松腰塌胯，两膝微屈，全身放松，呼吸自然，排除杂念，头脑清空，心意专一（图33）。无极之义：空空洞洞、混混沌沌、无形无象、虚若无物、无一物而生万物。由无极而现有机，无极一动必分阴阳，动静便是阴阳，阴阳就是太极。太极者无极而生，阴阳之母，阴阳变化，包罗万象，一切事物变化都在阴阳转变之中，其结果必然是清气上升为阳，浊气下降为阴。所以我们练功应遵循古人经验，"练功须从无极始，阴阳开合认真求"。

本功法中每变换一个功法动作时，都须从无极起势开始，在以后的功法动作讲解时只称"无极起势"，不再重复内容。

图 33

二、降气洗脏功

动作一：无极起势。双手心持太极尺两端松垂于小腹前，静守片刻后，双手持尺由体前缓缓上举至头顶上方。此时为吸。两目微闭，意想涌泉，略停片刻（图34、图35）。

图 34 　　　　图 35

动作二：然后双手持尺由头顶经脸前、胸腹前下行回归至初始动作。此时为呼（图36）。

意念：意想引大自然之气与自身体内真气相合为一，似雨露般自上而下涓涓流淌，由头顶性宫处如同沐浴般，由表及里冲洗身肢百骸五脏六腑。若身体某部位、某脏腑器官有病，降气时意念到达该部位时，稍停一停，然后随意念导引将体内不好的气、病气从脚底涌泉穴

图 36

排出。降气时舌抵下腭，嘴微张，向外缓缓呼气，要做到均匀深长。意想将肺内浊气、病气从口中排出。

意守部位：涌泉穴位于脚心的三分之一凹陷处。

功效：清洗五脏六腑，去浊留清，疏通经络，固本培元。本功法对上盛下虚、血压高、头昏、头痛、肝气盛、失眠等症功效尤佳，练功后有清脑、怡神、明目之感。

重点提示：此动作是练习气功时，首先必须做的第一步功法。

第二节 采气功

采气功是以五心归元的练功方法，将采收到的天地自然界精华之气，汇归蓄合于中丹田。何为五心，即头顶心，两脚心，两手心。练习采气功时是通过头顶心囟门窍将采收到的天阳之气下降，通过两脚心涌泉穴将采收到的地阴之气上升，通过双手心劳宫穴配合肺呼吸将采收到的清氧之气收归于中丹田的。

归元为中丹田，中丹田乃气之舍，将采集到的天、地、自然界精华之气蓄存于中丹田后，内气得以补充，阴阳得以平衡，便可营养五脏六腑，旺盛细胞，荣华四梢，营卫周身。

一、采自然界气

动作一：无极起势。双手心持太极尺两端横放于腹前中丹田处,全身放松,目视远方,双臂向前伸至胳膊自然直,同时上身向前弯曲相随。此时为呼(图37、图38)。

图 37 　　　　　图 38

动作二:稍停片刻,双手持尺由前缓缓向后收回至中丹田处,两目也由远而近内收至内视丹田,身体重心微微下降。此时为吸(图39)。

意守部位:中丹田位置肚脐深处。

意念:心意、呼吸、目光及动作配合一致,采收自然界精华之气,包括花草树木、空气、海水中的氧气负离子。意想通过手采、目收、呼吸将采收到的自然界精华之气源源不断地收归于中丹田。

图 39

功效:培养充实丹田之气。通过练功时的深呼吸,吸入清氧之气,吐出脏腑浊气。可达到加强和改善肺功能的作用,使肺部新陈代谢功能增强，增多血液中的氧气，提高蓄氧能力。因肺主一身之气，肺朝百脉，故又能起到推动气血在全身运行的作用。

重点提示：采收自然界之气适合于每个练习者，一年四季春、夏、秋、冬均可练习。是每次练功时必练功法。

采气功是用口鼻进行呼吸的，也就是运用后天呼吸法来练功。吐者为呼，吸者为纳。与普通呼吸不同之处就是鼻吸、口呼。呼吸时要达到均匀深长。

二、采天阳气

动作一：无极起势。双手心持太极尺两端横放于腹前中丹田处（图40），然后双手缓缓上举过头至胳膊自然直，两目上视天空。此时为吸。略停片刻（图41）。

图40　　　　　图41

动作二：双手持太极尺由头上方处向下抓坠至胸上方，同时身体松坠，两目微闭。此时暂停呼吸（图42）。

图 42

动作三：然后双手持太极尺由胸上方向下行至中丹田处，身体重心相随向下降。两目内视丹田意想丹田。此时为呼（图43）。略停片刻后再做下一次采收，如此反复练习。

图 43

意守部位：中丹田。

意念：意想将采集到的天阳之气由头顶囟门窍进入上丹田后向下降归于中丹田，采收时心意与两手配合一致由上而下进行，采收时意想天阳之气下降，源源不断地进入中丹田。

功效：练习采气功时通过用三性归一的方法来练功，可达到精神变物质物质变精神的功效。练习采天阳气具有增补阳气，采阳补阴，调节身体阴阳平衡，培养充实丹田内气的练功效果。

重点提示：练习采天阳之气、采地阴之气要根据一年春、夏、秋、冬四季和一天12个时辰的阴阳变化来练功，这样练习采气功功效更佳。

三、采地阴气

动作一：无极起势。两手心持太极尺两端横放于腹前中丹田处（图44），双手持尺弓身弯腰缓缓向下行至脚面。此时为呼（图45）。

图 44　　　　图 45

动作二：双手持太极尺顺腿前缓缓向上提起恢复至初始动作。此时为吸（图46）。

图 46

意守部位：中丹田。

意念：当双手持尺顺腿前向上提时，意想将采收到的地阴之气，从脚底涌泉穴沿腿内侧上行，经会阴、尾闾、命门后源源不断地进入中丹田。

功效：练习采地阴之气，有采阴补阳、调节身体内部阴阳平衡，增生精液、补肾气之亏损，炼精化气之功效。将采集到的自然界精华之气、天阳之气、地阴之气蓄合汇归于中丹田。中丹田犹如一个蓄水池一样，只蓄不泄，越积累越多，充实丹田内气，为下一步循经走脉打下基础。

重点提示：练习此动作向上提引时，不仅意念与动作配合，还要注意配合会阴内吸和提肛。

第三节　丹田内动

一、左右运转

动作：无极起势。两眼微闭，意想中丹田处，双手心向上握太极棒两端于中丹田前，在左手由左向右旋转的同时，右手由右向左旋转合为一圈，然后向相反方向旋转（图47—图49）。在双手旋转的同时，身体重心及腰腹部位要配合动作协调一致，以外形旋转带动丹田内气也随之旋转变化。

图 47

图 48

图 49

二、前后运转

动作：无极起势。两眼微闭，意想中丹田处，双手持太极棒两端于中丹田前一尺左右，向上、向前、向下、向后立行旋转一圈的同时，以外旋带动丹田内气向相同方向旋转一周，腰腹部随太极棒导引而随动，密切配合反复练习，运用自如后再练习相反方向（图50—图52）。

图 50

图 51

图 52

三、平行运转

动作： 无极起势。双手心持棒两端横放于中丹田前一尺左右，由内向右、向前、向左、向外平行旋转一圈，周身随之，以外形旋转带动丹田内气向相同方向旋转一周，反复练习运用自如后，再向相反方向练习（图53—图55）。

图 53

图 54

图 55

呼吸：自然呼吸。

意守部位：中丹田。

意念：太极棒向前后左右平行运转时，意想丹田内气相随同时运转。

功效：有将采集到的天阳之气、地阴之气、自然界之气进行运化提炼吸收的作用，待丹田内气逐步形成圆形的"气球"后，随意念在太极棒的导引下，使丹田内气能够随心所欲地向前后、左右、平行及各个方位角度，运用自如地旋转变化。

在丹田内气旋转变化的同时，带动腹部鼓荡运动，使膈肌的升降幅度增大，腹肌的伸缩能力增强，形成对肠胃的按摩作用。从而促进肠胃蠕动，增强消化器官的功能，提高消化能力和吸收营养能力，促进新陈代谢，提高排泄、排浊能力。

重点提示：练习此式，如丹田内气一时带动不起来，说明丹田内气尚未充足，有待进一步充实培养丹田内气，使之逐渐形成"气球"。做动作时要求圆转自如，不能有凸凹棱角处。

第四节　站桩功

练习气功要有意识地放弃眼、耳、鼻、舌、身对外界的感应作用，一心一意地用心去想，用耳内听，用眼内视丹田及意守部位，感知气的细微变化。静心养气、静心练气、静心行气，这便是封闭四门（指眼、耳、鼻、口），"锁心猿、拴意马"，其目的是为入静而守窍。

古人云："静养灵根气化神，养灵养性见天真，练就丹田长命宝，万两黄金不与人。"站桩功的真义在于入静，心静才能静养，静养才能使意、气、神相会于丹窍固本培元。意气神相合就是思想意识集中到丹田窍内，意到气自然到，注意力集中于丹田就等于将种子撒入地里，气候条件适中时便会逐渐生根、开花、结果一样。

三丹田是根据道家内丹术，以精、气、神主导作用而划分的。丹田是指培养调炼精气神的地方，是精气神凝聚伏结之处。道家把培育调炼精气神相关的窍位称之为"丹田"。

一、下丹田站桩功

动作：无极起势。双手心握太极尺两端横放于小腹处，与小腹相距约20厘米，塌腰、收臀、身微坐，同时收尾闾、提肛、提会阴（图56）。

图 56

呼吸：自然呼吸。

意守部位：下丹田位于会阴深处，男子相当于前列腺处，女子在子宫口。

意念：(1) 两眼轻闭内视，两耳封闭而内听，思想意念内守会阴深处。(2) 然后以会阴为中心，用心意呼吸法先吸后呼，即向会阴深处吸约三寸左右，男子相当于前列腺处，女子在子宫口。吸时肛门同时收缩上提，然后再从下丹田呼出，经两腿下达涌泉窍（脚心）。至于顺何处而下，初级阶段可随其便，只是意达即可。身体重心及两手持太极尺随念呼吸而缓缓上下提放而动，一呼一吸为1次，反复练习。(3) 练完后再转入自然呼吸，静守会阴窍深处。动与不动也不必管它，只要三性归一静守住它，直至收功为止。

功效：意守下丹田有养精生精，炼精化气之功效。肾功能的加强可促进调节心肾关系，使心肾相交水火相济，精足则气足，气足则神不衰。从而为全面调和脏腑功能奠定了基础。还有将任督两脉接通的作用，使内气运行于大小周天之中。

对于精气亏损、经血亏虚症状的练习者，有增强精血分泌，提炼调整精气、经血之能力，以补充其亏损，具有很好的疗效。

重点提示：在练习意守下丹田一个阶段后，练功时精气充足而出现阳举的现象后，可练习下一步提高功法，改为意守命门或中丹田进行炼精化气的修炼。

二、中丹田站桩功

动作：无极起势。两手心持太极尺自体前上升怀抱于腹前一尺左右，臂要圆、背要圆、裆要圆，形如怀抱球状，故又称三圆桩。自然呼吸（图57）。

图 57

意守部位：中丹田。

意念：（1）三性归一静守中丹田，意想形圆气圆。（2）心意与呼吸配合引动窍呼吸时，将肚脐极为轻缓地向里往后吸（窍内吸），直到吸得不能再吸时，即在意念上似感肚脐与命门相贴。然后随腹部自然向前放松时为呼，意想丹田内气由命门向前肚脐处扩充，丹田内气有充足感。当肚脐不能扩时，再做下一次收放。太极尺及身体也相随前后微缓移动，反复练习。（3）转入自然呼吸，丹窍以后不再管它动不动了，动就动，不动就三性归一意守中丹田。练习中丹田站桩功每次不少于20分钟。

功效：练功时意守中丹田，有养气增气，炼气化神之功效。站桩时就这样想与练，随练功的深入，中丹田就会从初始到有气，从气少到内气充足。待内气充足后可促进气通五脏六腑及周身经络血脉，并能在人体内产生保健与抗病的本能。气与血是密切相关的，由于各种原因使气亏损而血不能不受影响，血液亏损也导致减弱抗病的能力（即损气），以致在体内各个不同部位组织机能受到破坏而产生各种疾病。练习气功意守中丹田，可恢复元气和增强抗病能力（即补气、养气、壮气），补充气血亏损，促进气血循环畅通，调整与改善身体各器官机能以促进身体康复；腹部呼吸又能加强胃肠蠕动，增强消化能力，使多吸收营养，并提高排泄能力，调和气血舒通经络。

重点提示：练功时逐渐体会感到"两肾如汤热，丹田似火烧"，心肾相交，水火相济，气上行循经走脉阳气升腾内景。

凡练功者，属中气下陷，脾胃不和，消化系统不调，身体虚弱内气不足，宜守中丹田。

三、上丹田站桩功

动作：无极起势。双手心持太极尺横放于眼前一尺左右，如环形状。太极尺中心对准眉间印堂穴，双臂要圆、肩背要圆、裆要圆（图58）。

图 58

呼吸：自然呼吸。

意守部位：上丹田位于两眉间祖窍深处。

意念：(1) 两目平视远方，凝视片刻后目光缓收，同时意领双手带动太极尺将天地灵气也缓缓揽回，随目光收回到上丹田，然后三性归一静守。(2) 以心意引动神气收放，同时双手带动太极尺，身体微动相随，并配合好窍呼吸。神气回收时意想祖窍微微内吸，神气向外展时为呼，一收一放为1次，反复练习。(3) 完成后转入自然呼吸，三性归一静守上丹田。意念要若有若无，似守非守，不可专注。收功时意领神气下行于中丹田，炼神还虚守后不久可收功。

功效：意守上丹田有养神、炼神还虚之功效。

重点提示：初学者要按部就班地练习，练习气功到了一定水平后，再练习上丹田功法。由于过早地练习或是掌握要领不当，在练功时或练功后会出现气机上窜能上不能下，头昏脑涨等不适应症状。所以练习上丹田功法时，须在具有一定经验、水平的老师的具体指导下练习。

凡属气虚下陷，头畏风寒，脑贫血，低血压等患者宜守上丹田。因为上丹田为诸阳之会。如练习者属阴虚火旺，心火上炎，肝阳上亢，以及高血压等症，则不宜练习意守上丹田，以免病情加重。

第五节　健身功

论三节：人体有上、中、下三节之分，又有梢、中、根三节之分。而上、中、下又各有上、中、下之分。梢、中、根中又有梢、中、根之分。三三共为九节。

（1）头为梢节，胸为中节，下丹田为根节。这是身躯三节，即中三节。

（2）手为梢节，肘为中节，肩为根节。这是臂三节，即梢三节。

（3）足为梢节，膝为中节，胯为根节。这是腿三节，即根三节。

九节之中各有其窍：

（1）中三节三窍：上丹田为梢节窍，中丹田为中节窍，下丹田为根节窍。

（2）梢三节三窍：肩井是根节窍，曲池是中节窍，劳宫是梢节窍。

（3）根三节三窍：环跳是根节窍，阳陵是中节窍，涌泉是梢节窍。

练功时在意念的指导下循经走窍，节节放松节节贯通。运动起来其要点是起、随、追三字。即从梢节起，中节随，根节追。如臂动，身随，腿追；手动，肘随，肩追；脚动，膝随，胯追。使内气运行于三节，达至于四梢，统归于五行，贯注于九窍。全身内外、上下、左右，梢、中、根节节贯通总成一节。归于一气，表里合一，入于骨髓出于骨缝，经丹窍贯经穴通遍周身。

一、古树盘根（上盘）

动作一：无极起势。右腿在前左腿在后，两脚相距一步。身体重心在左腿，左手在下右手在上握太极棒中节处于胸腹前，随两手相合向前推旋太极棒的同时，身体重心由左腿转换至右腿。此时为呼（图59、图60）。

图 59　　　　　图 60

动作二： 随后双手持太极棒放松后回收至胸腹前，同时身体重心由右腿转换至左腿，回归至初始动作。此时为吸（图61）。

图 61

意守部位：劳宫窍。

意念：意想内气经肩肘达至手梢节，待以后修炼至中气功阶段时，意想内气走中腔直达劳宫窍。

功效：练习此动作，通过两手有规律地摩擦刺激手部的经络穴位，能起到疏通手三阳经和三阴经之气，通达于手梢的作用。中医认为经络不通则痛，经络不通则病。对相关这几个经络的病症有一定的防治疗效。尤其对年老体弱气亏，内气不足引起的手臂发凉，手臂肩疼痛、手抖、关节炎等症尤为有效。

重点提示：练完功后将双手心擦热，按摩拍打手臂上的窍位，有条件时用热手洗手功效更佳。

练习时要用意不用力，贵在精神意念。

二、古树盘根（下盘）

动作一：右腿在前左腿在后，两脚相距一步，身体重心在左腿，双手握太极棒中心两端处，横放于腹前。双手推动太极棒从腹部起顺右腿而下至脚。上身及重心随动作而下降，身体重心落于右腿。此时为呼（图62—图64）。

图62　　　　　图63

图 64

意想内气循脚三阳经达至涌泉窍。

动作二：双手持太极捧走弧线上行收于腹前，同时身体重心由右腿转换至左腿，回归至初始动作。此时为吸（图65）。

图 65

意想气循脚三阴经返回丹田。

意守部位：涌泉窍。

意念：意想内气经大腿小腿达至脚梢节，到了修炼中气功阶段时，意想内气走中腔直达涌泉窍。

功效：练习此动作有帮助疏通脚三阳经、脚三阴经之气，通达于脚梢的作用。对相关经络的病症有一定的防治作用，尤其对年老体弱气亏，肾气不足引起的腿脚发凉，腰腿脚疼痛行走不便，关节炎等症尤为有效。

重点提示：练完功后配合按摩拍打腿脚部位的窍位，养成坚持每晚睡觉前用热水烫脚的习惯，功效更佳。

三、脚踏昆仑

动作：身体坐在椅子上或手扶物站立，赤双脚，脚心踩在太极棒内端处，以双脚滚动太极棒向前后运动（图66、图67）。反复练习。

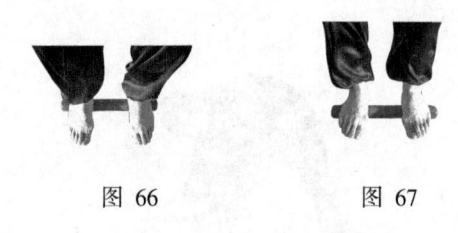

图 66　　　　图 67

呼吸：自然呼吸。
意念：意气贯注涌泉窍。
功效：通过双脚有规律滚动太极棒向前后运动，起到按摩刺激脚部的经络穴位和脚部反射区的作用，可调节改善与内脏相关联的器官机能和神经末梢，有疏通脚三阳经、脚三阴经，使气通达脚梢之功效。对相关这些经络方面的病症有一定的防治作用。尤其对年老体弱、肾气亏虚、内气不足引起的腿脚发凉、麻木、疼痛、动作迟缓、行走不便，有一定的防治功效。

重点提示：要坚持配合每晚睡觉前用温热水烫脚，并用手按摩脚心的涌泉穴，擦热为止。

四、犀牛望月

动作一：无极起势。双手心持太极尺两端处横放于腹前，然后双手引动太极尺，右手在前上，左手在后下，缓缓向身体右后上旋，头部、身体相随尽量向右后转，眼睛向身体右后看，目视太极尺；同时左脚移至右腿后一小步，身体向下蹲，重心落于右脚。此时为吸（图68—图70）。

图 68

图 69 　　　图 70

意念：随身体动作尽量向身后右旋时，意想由尾骨至颈椎由下向上呈螺旋式上升时，内气走脊椎中腔节节贯穿。

动作二：双手带动太极尺回身收步，顺原线路返回至初始动作。此时为呼。反复练习。

意念：随身体动作按原路线返回时，意想由颈椎至尾骨由上向下呈螺旋式下降时，内气走脊椎中腔节节贯穿。

功效：此动作是易骨、易髓内气走脊椎中腔的一种修炼方法。通过太极尺带动身体尽量向后转动，可使脊椎上下来回转动，能达到很理想的祛病、保健之功效。尤其是对骨刺、脊椎炎、腰背痛、骨髓间盘狭窄、压迫神经等有明显的疗效。

重点提示：老年或病重体力不支者，可坐着练习。

第六节　拍打按摩功

一、上肢

（一）肩部

动作一：无极起势。左手由下向右上抬起，拍打右肩上的"肩井穴"（图71），拍打后左手自然落下。

图 71

动作二：右手由下向左上抬起，拍打左肩上的"肩井穴"（图 72），拍打后右手自然落下。身体及重心相随而动，如此反复练习。自然呼吸。

图 72

意守部位：肩井穴。位置在肩上，前直乳中，当大椎与肩峰端连线的中点，即乳头正上方与肩线交接处。

功效：改善肩关节肌肉紧张状态，扩展肩部的活动范围，促进提高局部血管、淋巴管、经络的气血循环运行能力，有利于增强调节局部的营养吸收能力和新陈代谢功能。对肩周炎、肩部肌肉酸痛、神经痛、胳膊不能上举等病症有明显的功效。

重点提示：找准穴位很重要，对拍打按摩功效的发挥起着关键性的作用。

（二）肘部

动作一：无极起势。左手由下向右上抬起，拍打右肘上的"曲池穴"（图 73），拍打后左手自然落下。

图 73

动作二：右手由下向左上抬起，拍打左肘上的"曲池穴"（图74），拍打后右手自然落下，身体及重心相随而动。如此反复练习，自然呼吸。

图 74

意守部位：曲池穴。位置在肘横纹外侧端，屈肘，当尺泽与肱骨外上髁连线中点。

功效：改善肘关节肌肉紧张的状态，扩展肘部的活动范围，促进提高局部血管、淋巴管、经络的气血运行能力，有利于增强调节局部的营养吸收能力和新陈代谢功能。对肘痛、胳膊肌肉疼痛、神经痛、关节炎、胳膊不能上举等病症有明显的功效。

重点提示：拍打穴位时力度要适中，力度过轻则功效不明显。

（三）手部

动作一：无极起势。双手相合，用左手的大拇指击打右手的"合谷穴"，然后再用右手的大拇指击打左手的"合谷穴"，如此反复练习，自然呼吸（图75、图76）。

图75 　　　　　图76

动作二：左手顺右胳膊的外侧由上向下进行按摩，再顺右胳膊的内侧由下向上进行按摩。然后，再换左胳膊如法进行按摩（图77—图80）。如此反复练习。

图77　　　　　　　图78

图79　　　　　　　图80

意守部位：合谷穴。位置在手背，第一二掌骨间，当第二掌骨桡侧的中点处。

功效：有疏通手部经络，使气血畅达于手梢的作用。

对年老体弱和内气不足引起的手臂发凉、手臂疼痛、手抖麻木、关节炎等病症尤为有效。

重点提示：因练功时经常练习到"劳宫穴"，所以，练习拍打功时，改练手部的又一重要穴位"合谷穴"。

二、下肢

（一）胯部

动作：无极起势。双手松握成拳，用拳眼拍打胯部的"环跳穴"（图81）。如此反复练习，自然呼吸。

图 81

意守部位：环跳穴，位置在股外侧部，侧卧屈股，当股骨大转子最凸点与骶管裂孔连线的外三分之一与中三分之一交点处。

功效：疏通腿部经络，促进提高气血循环运行能力。对腿痛、腿麻木、坐骨神经痛、关节炎、行走不便，均有良好的功效。

重点提示：为取得良好的功效反应，拍打"环跳穴"时力度要加大。

(二) 膝部

动作：无极起势。双手松握成拳，弯腰俯身，用拳拍打膝部的"足三里穴"（图82）。如此反复练习，自然呼吸。

意守部位：足三里穴。位置在小腿前外侧，当犊鼻穴下3寸，距胫骨前缘一横指（中指）外膝眼下四横指、胫骨边缘。

功效：有改善腿部肌肉紧张状态，促进提高局部血管、淋巴管、经络的气血循环运行能力，有利于增强调节局部的营养吸收能力和新陈代谢功能。对膝腿痛、神经痛、腿脚发凉、腿麻木、关节炎、行走不便均有良好的功效。

重点提示：练功者做此动作如有困难时，可以坐着练习。

内关、足三里、涌泉被称为"健康长寿三穴"，练功时应加以重视。

图 82

(三) 足部

动作一：无极起势。双手松握成拳，弯腰俯身，用拳眼拍打小腿后面的"承山穴"（图83）。如此反复练习，自然呼吸。

动作二：双手顺左腿内外两侧，由上向下进行按摩。然后，再换右腿如法进行按摩，如此反复练习（图84—图87）。

图 83

第四章 太极棒尺内功修炼法

图 84　　　　　　图 85

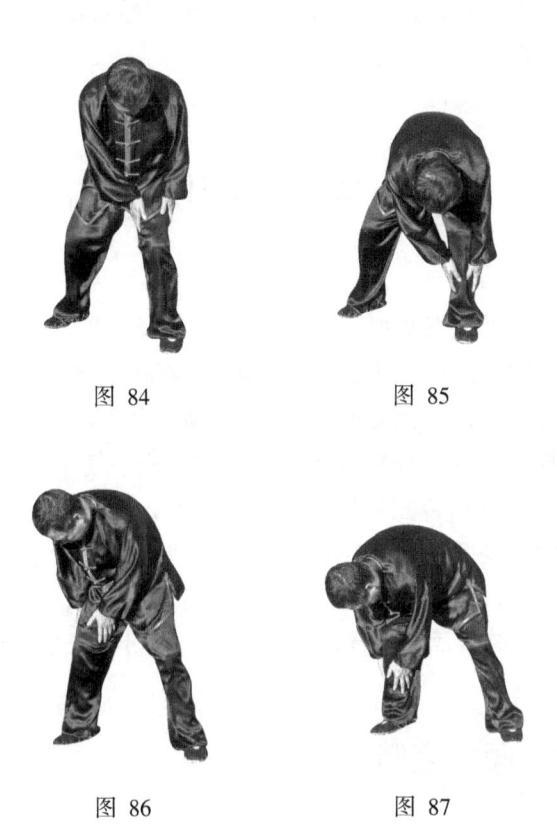

图 86　　　　　　图 87

意守穴位：承山穴。位置在小腿后面正中，委中与昆仑之间，当伸直小腿或足跟上提时，腓肠肌肌腹下出现尖角凹陷处。

功效：有疏通腿部经络，使气血畅达于脚梢的作用。对年老体弱和内气不足引起的腿脚发凉、肌肉疼痛、神经痛、腿脚麻木、关节炎、行走不便等病症尤为有效。

重点提示：练功者做此动作如有困难时，可以坐着练习。

练习本功法时，经常练习到足部的"涌泉穴"。故此，改为练习腿部的又一重要穴位"承山穴"。

第七节　小周天功

小周天功法开始时，以鼻吸气，小腹逐渐内收，同时提肛、提会阴、提气，以意领气，循督脉路线上行，从会阴起经尾闾、命门、夹脊、大椎、玉枕过头顶百会穴后，此时要注意舌抵上腭，能起到任督二脉相贯通的作用，气功术语称之为"搭鹊桥"。然后以意领气由百会穴向下，降至内气接通任脉后，这时舌尖抵下腭，随呼气松腹、松肛、松会阴，接着就像咽食物一样将气咽下，经胸中丹田降至下丹田处，以意领气沿任督二脉循环一周。这就是气功中所说："小周天循环功法。"

一、画龙点睛

动作一：无极起势。双手握于太极棒前半部，太极棒尾部贴顶于丹田处，随太极棒慢慢向丹田施加压力，腹部随之渐渐内收，身体上部随之而合。此时为吸。意想肚脐似贴于后腰命门处（图88）。

动作二：随太极棒缓缓放松后，腹部及身体上部渐渐恢复到原状。此时为呼。反复练习。

图 88

意念：第一步，意想丹田内气受压力作用的影响，以意导气在丹田内前后运动，为以后丹田内气鼓荡打下基础。第二步，促进内气从命门上行，循环于小周天。

功效：练习此动作对丹田有加压的作用，可促使内气在丹田内前后运动，为"丹田鼓荡"打下基础，并有促使内气疏通夹脊关玉枕和循环于小周天之功效。

重点提示：此动作与小周天功法相互配合练习，有互相促进之功效。

二、周天行功

动作：无极起势。两脚与肩同宽，双手持太极尺横放于腹前一尺左右，在慢步向前进时，每走一步太极尺由下而上立圆旋转一圈，身体相随而动（图89—图91）。

呼吸：开时为吸，合时为呼。

图 89

图 90 　　　　图 91

119

意守部位：守脉于小周天。

意念：意想内气沿督脉上行，经会阴、尾闾、命门、夹脊、大椎、玉枕、百会、祖窍至鹊桥，然后顺任脉而不行，从鹊桥、重楼、绛宫、丹田返回会阴。

功效：小周天功是道家主要练功方法之一。它分几个进程，炼精化气，炼气化神，炼神还虚，虚至虚灵等等。而小周天功法是炼气化神的第一步进程，内气循环于任督二脉一周为小周天功。

重点提示：练习此动作时要注意舌抵上腭，是为了让督脉之气与任脉顺利相连接，舌抵上腭起着贯通任督二脉的作用。气功术语称之为"搭鹊桥"。小周天功是在修炼顺式循环的基础上，再进一步修炼逆式循环的功法。

第八节　气闯三关

何为三关？三关是指修炼气功到小周天阶段时，气沿督脉路线上行，有三处不易通过之处，所以称之为三关。《金丹大成》书中论背后三关：一为水火之际尾闾关；二夹脊曰辘轳关；三脑后曰玉枕关。

一、气通尾闾关

动作一：无极起势。双手持棒两端内侧横放于身体背后臀部尾闾处，然后双手持太极棒由尾闾处尽量向背上部带引胳膊至自然直；同时上身变弓身向下并配合提肛、提尾闾。此时为吸（图92、图93）。

图 92　　　　　图 93

意念：意念外导内引，以呼吸配合动作，使内气顺利通过尾闾关。

动作二：双手持太极棒缓缓回落，随直腰起身缓缓恢复至初始动作。此时为呼。反复练习。

意守部位：尾闾穴位置于脊椎骨的最下端，上连骶骨，下端游离，在肛门的后上方，该处有长强穴。

功效：以此练习方法帮助内气疏通导引通过督脉上的第一关，并有强腰健肾之功效。

重点提示：做此动作时，还可配合使用太极棒或手部按摩刺激尾闾穴的方法，以协助疏通此关。如练习者患有血压高、头昏、头痛病症，练习此动作时应注意，如有不适可改练其他动作。

二、气通夹脊关

动作一：无极起势，右手握太极棒一端内侧，由右肩而下，左手从左肋部后向上接住太极棒另一端，然后双手旋转太极棒，摩擦按摩疏通夹脊至大椎经络穴位（图94）。

动作二：然后再换手练习，左手持太极棒一端内侧，由左肩而下，右手从右肋部上接住太极棒另一端，然后旋转太极棒，自然呼吸（图95）。

图 94 　　　　　图 95

意念：以意领气顺利通过夹脊穴沿督脉上行。

意守部位：夹脊穴位于背部第十四椎上，即仰卧时正常两肘尖连接线正中处。

功效：以此方法帮助疏通夹脊关，促使气沿督脉顺利上行。对肩背疼痛等方面诸病，有较好的防治作用。

重点提示：如练习此式内气沿督脉上行有困难者，可根据自己具体练功情况，检查一下问题所在，一是丹田内气是否充足圆满，二是否到了练习小周天功的"火候"阶段，三如确实到了练习小周天阶段，可配合练习气闯三关的动作来帮助疏通小周天。

三、气通玉枕关

动作一：无极起势。双手心持太极棒两端，太极棒中心点摆放在头部的玉枕穴，然后低头弯腰弓身尽量向下，并配合提会阴、提肛、搭鹊桥的动作，此时双手稍微用力压住玉枕穴。待动作到位后，内气涌入至此时即放松太极棒的按压，使内气顺利通过此关与任脉相接通。此时为吸（图96、图97）。

图 96   图 97

意念：意念与动作配合领气上行通过最后一关，并与任脉相接通。

动作二：直腰抬身恢复到初始动作。此时为呼。

意念：以意领气下行达于丹田。

意守部位：玉枕穴位于头后部，正当仰卧后脑着枕处。玉枕穴是在两侧风池穴连线中点上方。此为三关中最不易通过之处，故又名"铁壁"。

功效：疏通玉枕关，使气循督脉上行与任脉相接通。

重点提示：在练习小、大周天功法时，内气上行于督脉，如有受阻、不易通过的情况，可配合练习气闯三关的动作方法，以帮助疏经导气通三关。如果在练习小、大周天功法时，内气能够顺利自如地通过此三关，而没有遇到任何阻力障碍，则不需要再练习气闯三关的功法动作了。如练习者有血压高、头昏、头痛病症应注意，练习此动作时如有不适，可改练其他动作。

第九节　带脉功

一、磨盘功

动作一：无极起势。左脚在前，右脚在后，两脚相距一步，身体重心在右腿，双手持太极尺两端横放于腹前。然后双手持太极尺由左向右平腰旋转，松臂坠肘，旋胯转腰，身体重心逐渐移至左腿形成弓步。此时为吸（图98、图99）。

第四章　太极棒尺内功修练法

图 98　　　　　　图 99

动作二：上动不停，继续向右旋转，以手领腰、以腰带手旋转一周后，身体重心逐渐过渡至右腿，恢复成初始动作。此时为呼（图100）。如此反复练习后，再换腿换方向练习。

图 100

125

意念：（1）以丹田为中心，意领丹田之气内旋。（2）在丹田之气内旋的基础上，逐渐扩张至腰部的带脉旋转。（3）以两手为外圈，以腰部带脉为内圈，以中丹田为轴心，逐渐形成两手的气圈和带脉的气圈相合于中丹田圆心而合一。

功效：气通带脉，健肾强腰，促进精气转化。

重点提示：磨盘功是修炼气通带脉的功法，练功时要求做到以手领腰，以腰带手，手旋，腰旋，腿旋，气旋，内外合一。一动无有不动之处，一旋无有不旋之处，全身上下内外同步运转。

二、玉带缠腰

动作：无极起势。两脚站立比肩略宽，两腿微屈，双手心持太极尺两端于腹前一尺左右。双手旋转太极尺走小圈由右向左顺带脉路线尽量向左身后运行，身体相随，眼视太极尺（图101、图102）。

图 101　　　　　图 102

意念：意想内气沿带脉由左向右旋转一周。

动作二：由左向右顺带脉路线尽量向右身后运行。自然呼吸（图103）。

意守部位：守脉内气循环于带脉。

意念：气从丹田出发，沿腰间带脉循环一周。

功效：气通带脉时，好像一条串着的圆珠在腰间旋转滚动，此感便是气通带脉。有强腰健肾之功效。

图 103

重点提示：做动作时要均匀圆活，不能忽快忽慢。

人步入中年以后，从某种程度上表现出精力衰退等现象，这是肾脏、泌尿、生殖系统机能产生衰退的表现，中医学称此种状态为"肾虚"。练功时尤其男士，更应当注意恢复调节肾脏功能的作用，以利于炼精化气。

第十节 六合行功

六合是内三合与外三合的总称。何为内三合？心与意合、意与气合、气与劲合为内三合。而心与目合、脾与肉合、肺与肤合、肾与骨合、肝与筋合又称内合。

何为外三合？手与足合、肘与膝合、肩与胯合为外三合。而头与手合、手与身合、身与步合又称外合。

内外合一，上下相随，所谓"一"者就是自顶至足，四肢百骸内有腑筋骨，外有肌皮肉，内外相合归于一。一动无有不动之处，一合无有不合之处。五脏六腑身肢百骸，精气神意悉在其中贯归为一。而又上动下随，下动上领，上下动而中部相应，中部应而上下相合、内外相合、前后相需、左右相系、上下相随、周身一家、浑然一体。

一、顺式相合

动作一：无极起势。两脚与肩同宽，双手持太极棒两端外横放于腹前一尺左右，先迈右脚，向前一步，同时右手引动太极尺缓缓向下行，左手在上相随，身体及重心缓缓下降，重心由左脚逐渐过渡到右脚。定势时右手与右脚顺势相合，此时为呼（图104、图105）。

图 104 　　　　　　图 105

动作二：接上势，左脚跟步放于右脚旁，前脚掌着地为虚步。左手同时引动太极尺由上转换为下，右手由下转换为上相随，身体及重心缓缓向上。此时为吸。然后，左脚向前一步，左手引太极尺向下运行，右手在上相随，身体重心缓缓下降，由右脚过渡到左脚，定势时左手与右脚相合。此时为呼（图106）。

图 106

意守部位：守脉内气同时达至劳宫窍和涌泉。

意念：意与气合，气与形合。

功效：右手与右脚相合，左手与左脚相合。右肘与右膝相合，左肘与左膝相合。右肩与右胯相合，左肩与左胯相合（外三合）。心与意合，意与气合，气与形合（内三合）。

重点提示：要逐步达至意到气到，气到动作到，表里一致，内外合一的练功效果。

二、交叉相合

动作一：无极起势。两脚与肩同宽，双手心持太极尺两端处横放于腹前一尺左右，先出右脚慢步前行，身体重心逐渐过渡到右脚，同时左手引太极尺缓缓向下运行，右手在上相随，定势时左手与右脚交叉相合。此时为呼（图107、图108）。

图 107 　　　　图 108

动作二：接上势，左脚步放于右脚旁，前脚掌着地为虚步，右手由上转换为向下，左手同时由下转换为上相随，身体重心缓缓向上。此时为吸。然后，右手引太极棒向下运行，左手在上相随，身体重心缓缓下降，由右脚过渡到左脚，定势时右手与左脚交叉相合。此时为呼（图109）。

图 109

意守部位：守脉内气同时达到劳宫和涌泉窍。

意念：意与气合，气与形合。

功效：右手与左脚相合，左手与右脚相合，左肘与右膝相合，右肘与左膝相合，左肩与右胯相合，右肩与左胯相合。心与意合，意与气合，气与形合。

重点提示：做此动作时要逐步达到意到气到，气到形到，内外一致，表里如一。

第十一节　大周天功

大周天功是在小周天功得到巩固的基础上更深一步的修炼方法。旨在将内气延伸到上下肢的梢节部位。有行功和静功两种，具体要领如下。

先呼气，将气沉入丹田，小腹随之鼓起，再将气下沉到会阴处，然后气分成两股，沿大腿和小腿的内侧足三阴经直下足心涌泉处。呼气尽后改为吸气。小腹随之渐渐收缩，舌抵上腭，以意领气从足心涌泉穴向上引，沿小腿大腿外侧的三阳经上行至环跳穴合二为一合于会阴窍，然后提肛提会阴，沿督脉路线上升至大椎部分为两股，一股直连头顶百会穴，注意舌抵上腭，当督脉与任脉相接通后，随呼气，以意领气循任脉而下，经胸腹气沉丹田；另一股沿胳膊的外侧循手三阳经通达肩、肘、手梢节。然后内气沿胳膊内侧循手三阴经手、肘、肩在胸部而合二为一，并与沿任脉下来之气在胸部汇合成一股后，继续沿任脉而下达至气沉丹田，这就是气功中的"大周天循环功法"。

一、摇辘

动作一：无极起势。右脚在前左脚在后，两腿相距一步，身体重心在左腿。双手心向下握太极棒中心处，横放于腹前。然后双手引动太极棒由腹部向上经胸前、头前运行。此时身体重心由左脚逐渐过渡到右脚形成前弓步。此时为吸（图110、图111）。

图110    图111

动作二：上动不停。双手引动太极棒由上向下行，弯腰弓身，双手持太极棒接近于脚面后，再沿腿向上行，旋转一周，身体重心从右脚逐渐转换到左脚，恢复至初始动作。此时为呼（图112）。如此反复练习后再换腿练习。

图112

意念：以太极棒引动内气在体内由头至脚循环一周。

功效：此动作是修炼大周天循环功法，体会感知"身如车轮，气如球"的练功功效。

重点提示：练习此动作时应注意做到在形圆的基础上达至气圆，内外合一，表里一致。在顺式循环的基础上，再修炼逆式循环功法。

二、真人指路

动作一：无极起势。双手握于太极棒下半端，将之竖立于胸腹前一尺左右。目视前方，双手引动太极棒由胸腹前缓缓向前上平行引伸，达至胳膊自然直、与肩平行，身体逐渐向前弓身相随。此时为吸（图113、图114）。

图 113　　　　图 114

意念：随双手持太极棒向前平行引伸时，意想内气起于双足，沿身体后面向上运行，经背部、胳膊达于双手，相合于太极棒顶端。

动作二：将双手臂放松，按原路线缓缓回落，身体相随而动，收至初始动作。要保持立身中正，上下一条线。此时为呼（图 115）。反复练习。

图 115

意念：随双手臂放松按原路线缓缓回落的同时，意想气由太极棒顶端返回，经手、肘、肩达于胸前、腹前，再下行于中丹田后经腿前达于双足。

功效：此动作是修炼大周天循环功法之一，气起于脚、行于身、达于手，往复循环自转，上下贯通，气合一点。

重点提示：以棒领身，以意引气，意到气到，动作同时到，内外合一周天运行。

名词注解：道家内功修炼最上乘者称为"真人"。

第十二节　缠丝功

缠丝功是练习太极棒内功既科学又独特的训练方法。所以练习太极棒内功须明缠丝功，不明其理就不懂其法，只懂缠绕而不修炼缠丝内功乃舍本求末。什么是缠丝功？缠丝功是隐于体内、入于骨缝、循经走脉、缠绕运行而流布周身的一种内功。怎样求缠丝功？外循螺旋内合缠丝，使螺旋之外形合于缠丝之内气，久而久之即可形成混元之气。内缠外绕，外呼内应，互为表里，以独特的缠丝功法结合内气的导引，使练习气功时达到表里一致、内外相合、周身一家，久久练习即可形成缠丝内功。内功是缠丝功形成之基础，缠丝功是圆形运动法则，运用于外是螺旋运动，隐于内则是缠丝内功。

太极棒内功的螺旋缠绕运动，是在思想意识指导下以内功为动力，通过旋转摧动外形，形成圆形或弧形运动，以达到身体各部位的虚实转换，是缠丝功精华所在。缠丝功中的缠丝大致分为里缠、外缠、大缠、小缠、左缠、右缠、上缠、下缠、前缠、后缠、正缠、斜缠等表现方式，但归纳起来可分为两种：一是顺缠，二是逆缠。小指由上向下，大拇指由下向上合为顺缠；反之大拇指由上向下，小指由下向上领动为逆缠。以肘关节而言，肘关节向外开，劲力向外走为逆缠；肘关节向里合，劲力向内走为顺缠。身体及腿亦是如此。运动时都要做螺旋式缠绕而形成圆形运动。大家知道圆形承受力最大，受阻力最小。因为圆形运动可以改变外来力及自身的角度和方向，还可以改变运动速度。

练习缠丝功有以下几个转变过程，先练由大圈至中圈，再练由中圈变小圈，直至达到有圈而不见圈、有形而不见形的精深功夫。这样缠丝功运用在推手技击上就能达到力发一点，点点透骨了，这是缠丝功高深功夫的表现。打一比喻，如果我用2500克重的棉被来打你，你不会感到害怕会伤害到自己，反过来我用同样重的2500克铁砣来打你，你就会马上意识到身体或生命受到威胁了。这是什么原因呢？这就是同样的重量只因为体积变小而力量集中了，所以会在小的体积上产生出巨大的能量与穿透力。这样的效果运用于太极推手中叫力发一点、点点透骨。它在推手技击搏争之中，能起到以小力破大力、以弱胜强、四两拨千斤的作用。所以此功法是练习太极棒内功的重要技术，也是训练太极推手技术的基本功。

缠丝功能够使全身内外一动无有不动之处，在同一时间内综合地完成神经、呼吸、循环、经络、肌肉及五脏百骸系统的锻炼。坚持练习缠丝功又可内练精气神，外练筋骨皮，通过经络入骨髓，气达周身，逐渐形成一种混元气。在练习太极棒气功时可处处体现圆形运动，使头、胸、腰、腹、臀、肩、肘、腕、膝、足处处缠丝，全身上下18个关节部位形成18个小球，多方位的同时顺逆螺旋缠绕，从而使全身成为一个动静相兼、开合相变、内外合一、上下相随、周身一家、混元一体的由18个小球组成的一个大的太极球。

缠丝功技术运用于推手技击时，就能一动一太极，一触即旋转。快触则快转，慢触则慢转。形未动意先动，彼微动己已转，一动无不动，阴阳虚实变换自在其中。旋转时阴面为引空，阳面为进击，称之为引进落空合即出。形成化中有发、发中有化的乱环圈。又由于丹田呼吸练成的先天之气，使太极球中充满了混元气，周身形成一种气膜，神气护体内功浑厚，使之破之不开撞而不散。发动时丹田内气鼓荡，能在接触点上形成有弹簧劲或崩劲的乱环圈，劲发一点，点点透骨，而攻无不取，无坚不摧，运转自如后随心所欲，临阵交手，彼如临旋涡之中，而我如同不倒翁而立于不败之地。

练习缠丝功非常注重腰脊的螺旋缠丝，胸腹的折叠开合又是练功中的一个突出特点。在腰脊螺旋升降运转之中，胸腹相开由里而外为逆缠，胸腹相合由外而里为顺缠。练功时的每一招每一势总是以腰脊的螺旋缠绕开合折叠主宰全身肢体的螺旋变化。或一顺一逆，或双顺双逆，或顺缠左下合，或逆缠右下开。右胸和左腹斜向相合相开，浑身俱是缠丝劲，似蛟龙左旋右转，似麻花亦绞亦拧，似旋涡湍流急转，又似大海波涛翻滚。运化全在胸腹之间，胸为乾腹为坤，两卦大体阴阳，是以身躯的缠绕运化最为重要，缠丝内功皆源于此。故拳经云："浑身俱是缠丝劲，大约里缠、外缠，皆是随动而发。""其劲发于心内，入于骨缝，外达于肌肤。"五脏藏于胸腹，经络源于五脏，心为一身之主，腹为内气之源，腰为发动之机，胸为运化之府，脊为督气之径，腹为运气之道。练功时如气海不做吸引，胸腹不做开合，则中气就不能达于丹田，经脉也难以沟通。故外则通过腰脊的螺旋运转，胸腹的折叠运化来带动肩、肘、腕、膝、足和项的螺旋运动，由头顶至足上下相随，螺旋升降，一动无有不动之处，一缠无有不缠之处而形成18道螺旋之圈。内则以心神为君，肾间动气发于丹田，贯于经络，行于血脉，入于骨缝，达于四梢。缠绕运行使之周流全身而又复归丹田。其重要者即气不离丹田、心息相依、息息归根、根在丹田、收在丹田。诸靠缠绕心身一家，可练至一粒混元气，形成一股而非几股的缠丝内劲，可见内缠外绕最为重要，也最为基本。

要想明其理、懂其法并应用之，须有经验的老师指导引路，再经过长期认真刻苦研练，功到自然成，一定能掌握并运用好缠丝功，将会使气功水平有更进一步提高。

一、乌龙搅柱（上盘）

动作一：无极起势。双脚站立比肩略宽；双手心向上横握于太极棒两端内侧，距胸腹前一尺左右。然后右手旋拧太极棒沿右肩引伸向上，左手在后相随，身体重心逐渐过渡到右腿，身体各部位也同时螺旋缠绕相随。此时为呼（图116、图117）。

图 116 　　　　图 117

意念：气走螺旋循三阴经达肩肘手梢；意到气到，气到劲自然到。

动作二：右手持太极棒螺旋回转，左手相随，身体各部位也相随重心向下螺旋缠绕回落到初始动作。此时为吸。然后再练习左手，动作要领一致（图118）。反复练习。

图 118

意念：气循三阴经而下，经手、肘、肩、胸复回归丹田。

功效：通过练功时手臂及身体的螺旋缠绕式运动，有强筋、易骨、易髓的作用；并有助于技击擒拿及破坏对方擒拿和增强手臂功力之效。

重点提示：练习此动作时，在太极棒带动下进行螺旋缠绕时，注意全身十八个关节部位要同时运转，上下相随，内外一致，周身一家。

二、乌龙搅柱（下盘）

动作一：无极起势。两脚站立比肩略宽，双手心向上横握太极棒两端内侧，距胸腹前一尺左右。然后右手旋拧太极棒引伸而下行至右膝外侧，左手相随在上，身体各部位相随螺旋缠绕式下降重心，重心逐渐过渡到右腿。此时为呼（图119、图120）。

图 119　　　　图 120

意念：守脉内气达至劳宫窍。

动作二：右手持太极棒向回旋转，左手相随，身体各部位也相随向回螺旋缠绕至初始动作。此时为吸（图121）。

意念：气归丹田。

功效：如前。

重点提示：在做此动作螺旋缠绕时，要注意六合。

图 121

三、白猿献果

动作一：无极起势。两手心向上握在太极棒两端内侧，距腹前一尺左右。然后右手引动旋拧太极棒向身体前方与肩平行引伸，至胳膊自然直，左手在后相随，身体随之缓缓前探；眼视太极棒顶端（图122、图123）。

图 122 　　　　图 123

意念：随太极棒带动胳膊进行缠绕引伸的同时，意想内气同步缠绕运行，内气由丹田出发，经命门、夹脊上行，循手三阳经达至肩、肘、手。

动作二：右手持太极棒呈螺旋回转，同时左手相随按原路线返回至初始动作。自然呼吸，然后换手（图124），如此反复练习。

图 124

意念：随动作放松螺旋缠绕时，意想内气也缠绕回落，循手三阴经胸前返回丹田。

功效：螺旋缠绕，助通经络，增强韧带，强筋易骨，气成一点，点点透骨。

重点提示：身体各部位一动俱动，十八个关节部位同时运转，如同组成一个大的太极球在运转。要用意不用气，用气不用力，用力则断，用气则滞，用意则通，贵在精神意念。

第十三节 中气功

练习中气功，初始阶段要处处求立身中正，内气运行自百会至会阴上下一线穿，贯通两极。待中气充足后达到后天功转先天功时，便会感到头顶囟门处开启，如同婴儿的"天灵盖"一样（即囟门）随先天呼吸和内气的运行一开一合而上下启动。气由下向上行时为吸，囟门处如同洞穴一样，随囟门开启内气如同流水般涌入囟门后，随呼气由上丹田，经中丹田直贯下丹田后囟门封闭。如此反复循环。修炼至中气功时，每当意守劳宫穴时也会同样感到内气如流水般顺胳膊涌入劳宫穴，意守涌泉穴时也是如此。此时内气产生一定能量的冲击波，每当内气达到劳宫穴和涌泉穴位时，便会感到此处穴位有鼓动颤感，随内气的增强，这种冲击波动律会越来越强。以上是修炼至中气功阶段时五心归一的表现，是后天功转先天功的重要转折点和标志。此阶段是修炼易骨易髓的功法，内气走中腔。

一、道童撞钟

动作一：无极起势。右脚在前，左脚在后，腿弯曲，两脚相距一步，身体重心在左腿。右手心向上，左手心向下握于太极棒两端内侧，横放于中丹田前。然后双手引动太极棒向前运行，身体相随而动，身体重心由左脚过渡到右脚。此时为呼（图125、图126）。

图 125　　　　　　图 126

意念：随太极棒带动身体向前运动时，与呼气相配合，使腹部自然向前放松时意想内气由命门达到肚脐。

动作二：双手带动太极棒由前向后按原路线返回，身体及重心相随而动由右脚过渡到左脚，恢复到初始动作。此时为吸。如此反复练习。

意念：随太极棒带动身体由前向后按原路线返回时，此时要配合吸气的方法，将肚脐轻缓地往里吸，直吸到不能再吸时。意念上觉得肚脐似与命门相贴，意想内气从肚脐到命门，反复练习可使丹田内气形成前后自然鼓荡。

功效：此动作修炼到一定程度后，如同古式座钟的钟摆，开始先用手导引它摆动起来，以后它就会自行运动一样，此动作修炼至一定程度后，即使在不做动作时，只要意念导引，中丹田的内气就会产生自发运动。练习气功出现此种现象，气功术语称为"丹田鼓荡"。待功夫更进一步提高后，每当练习此动作时，随意念导引和动作的前后运动，可感触到丹田内似有"气球状物"在丹田内有前后撞击之感。

重点提示：意到气到，气到动作到，内外合一。

二、返老还童

动作一：无极起势。双手握于太极棒中心部，竖立于胸腹前一尺左右。随双手持太极棒缓缓引动向上行至头上方，身体及重心相随向上。此时为吸（图127、图128）。

图 127 　　　　图 128

意念：随双手持太极棒由下向上行，意想内气由下丹田会阴处走中腹，向上行经中丹田至上丹田囟门处。

动作二：双手持太极棒由头顶上方迅速下落至下丹田处，身体相随，重心下降，腿弯曲；两目微闭内视。此时为呼（图129）。如此反复练习。

意念：随双手持太极棒由上向下迅速下落

图 129

时，意想内气走中腔由上丹田囟门处向下贯注于下丹田会阴处。

功效：此动作为中气功修炼法，是练习后天功返先天功的修炼方法。修炼气功达到此阶段时，可感到内气向上行至囟门随太极棒导引向下，内气走中腔由上而下贯注至下丹田会阴窍。中气功修炼到较深程度时，每当练习此动作便能体感到似有一球状物由上向下砸的感觉。古代气功术语称之为"砸丹田"。

重点提示：做此动作时，应注意身体自始至终要保持立身中正、上下一条线，这是贯通中气的保证。

第十四节　混元气功

待修炼气功至混元气阶段时，已打破了以前内气循经走脉气通经络的运行格式。混元气运行时如同发洪水一样，已不受江河渠道所控制，而是随意念大面积地运动。此时引其气自上而下直贯三丹，感到身体如同头顶蓝天脚踏大地，如撑天柱般（气柱）连接天地之间。存想天之气如甘露下降，地之气蒸腾升起，天地阴阳二气相交，身体渐渐被溶化于茫茫气海之中，天、地、人与宇宙茫茫混元一体。无形无象，混混沌沌、空空洞洞，虚灵至极。

一、撼天柱

动作：无极起势。两目微闭，两手立握于太极棒中心处，距胸腹一尺左右，然后双手引动太极棒从左向右划立圈一周，全身及重心相随旋转。如此反复练习后再换方向练习。自然呼吸（图130—图132）。

图 130

图 131

图 132

意念：（1）意想"上封天门""下闭地户"，意是在"内气不出，外气不入"的情况下（道家气功称之为封炉）。（2）通过太极棒导引划立圈旋转时，意想带动身体和内气同步运转。

功效：通过太极棒旋转带动身体及内气同步运转，修炼至混元气阶段时，能体感到体内之气已不受经络所控制，当内气运行时如同洪水暴发一样铺天盖地而来又铺天盖地而去之内景。以前比喻经络如同江河小溪，穴位如同村镇。当修炼至混元气运行时，它如同山洪暴发吞并了江河小溪村镇，到处是汪洋之水一样。

重点提示：练习此动作时，体感身如圆形气如风之功效。

二、聚气成丹

动作一：无极起势。双手持太极尺两端横放于中丹田前一尺左右，太极尺中间球状物对准肚脐处。然后双手引动太极尺，由肚脐起开始由左向右转，由内向外缓缓旋转，要一圈比一圈扩大，直至扩大到不能再大为止。身体重心相随进行阴阳转换。自然呼吸（图133、图134）。

图 133　　　　图 134

动作二：双手持太极尺由右向左、由外向内缓缓地旋转，要一圈比一圈缩小，直到缩小至肚脐内形成一点为止。身体重心相随进行阴阳转换（图135）。然后三性归一地意守中丹田一会儿后，再进行收功。

图 135

意念：以意念配合动作引导内气由肚脐处开始旋转时，如同发射无线电电波一样，一圈比一圈的扩大，直至扩大至不能再大为止。将气的信息传导至全身各个部位。

然后，意念配合动作引导内气由外向内缓缓地旋转时，如同接受无线电电波一样，由远而近，由大至小地将内气收归于中丹田。直至形成一点为止。

功效：内气由内向外传导时，直至扩充到全身各个部位。内气由外向内传导时，意气聚合于中丹田，直至形成一点。积气成丹。

重点提示：练习此动作时，要意圆、形圆、气圆。

第十五节 收 功

一、单势收功

动作一：每个单势动作做完后，收脚与肩同宽，双手心持太极棒或太极尺两端松垂于腹前，然后双手由体前上举至头顶上方。此时为吸（图136、图137）。

图 136 　　　　　图 137

动作二：双手持尺或棒由头部上方缓缓向下，经胸前腹前恢复至无极势，身体重心随之向下降。此时为呼（图138、图139）。

图 138　　　　　　图 139

意守部位：中丹田。

意念：随动作的导引，以意引气将修炼时所得之气降收蓄合于中丹田。

功效：中丹田犹如一个蓄水池一样只蓄不泄，越积累越多。

重点提示：单势收功法是每当练习气功单势动作完成后，必须认真做的功法。

二、五气归元

动作：无极起势。右手心贴于肚脐处，左手心叠在右手背上，以肚脐为中心，沿左上右下的逆时针路线，由小到大地缓缓旋转36圈。然后换手相叠，沿右上左下的顺时针路线，由大到小地缓缓旋转24圈。自然呼吸。

意念：三性归一静守中丹田片刻，同时意想两手劳宫之气

第四章 太极棒尺内功修炼法

与丹田内气相连通，以中丹田为中心，眼神心意内外合一地围绕中丹田由内而外、由小到大逆时针螺旋式转气，这叫逆转散气。然后换方向，眼神心意引气由外而内、由大到小顺时针螺旋式转气，周身之气逐渐向中丹田聚集收归窍内，这叫顺转收气。

女子的转气方法与男子相反。先左手在里右手在外相叠于肚脐处，沿右上左下的顺时针路线，由小到大、由内而外地螺旋式转气 36 圈。然后换手相叠，沿左上右下的逆时针路线，由大到小、由外而内的螺旋式转气 24 圈。

功效：将练功时所获得的集中于丹窍内的内气先行散开，以免淤积不适。然后再把丹窍散开的内气与在练功中散发全身的五脏精华之气一起收归到丹窍内储存起来，混融合一。

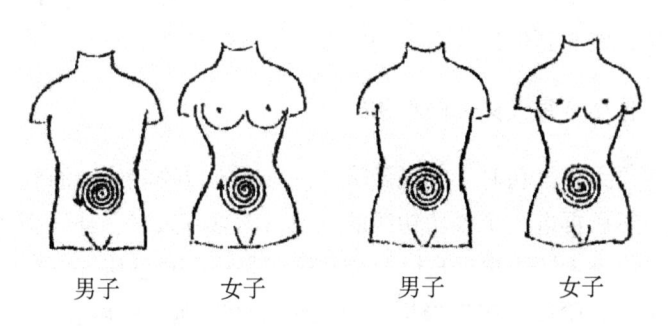

男子　　女子　　男子　　女子

图 140

重点提示：意想着丹田转气，眼睛内看丹田转气，耳内听丹田转气。内气与手的转圈要牵连着丹田这个圆心，一圈一圈地扩散，一圈一圈地收拢。

第五章　气功知识问答

练习太极棒尺内功与其他气功有什么区别，它的特点是什么？

（1）练习太极棒气功时，由于身有所依，心有所想，外导内引，可较快进入练功入静状态，改变徒手练功越想静但越难入静的状况。

（2）手持太极棒尺练功时，由于刺激、按摩手脚身的经络穴拉，能起到促进气血疏通，循经走脉的练功效果。

什么是每天必练的功法？

每天练气功时，应先做降气洗脏功，以排除体内浊气、病气。然后再进行采气功功法的练习，因它有采气、补气练功功效。修炼者还可根据自己身体状况或是根据自己修炼气功到达的水平、阶段，来选择适合自己情况的其他一些功法来练习。练习完气功后，认真做好收功也是很重要的环节。

什么是气功中的阳气与阴气？

气功中的阴阳二气表现规律如下：以自然界而言，天属阳，地属阴；夏天属阳，冬天属阴；白天属阳，黑夜属阴。

以人体而言：体表属阳，内里属阴；上身属阳，下身属阴；背后属阳，胸前属阴；手背属阳，手心属阴等。

以脏腑而言：六腑为阳，五脏为阴。

以经络而言：循阳经内气由内而外行至梢节为阳，循阴经内气由外而内行至脏腑为阴。

以气而言：练功时感到热的、运动的、上升的、开的、由内而外的等等为阳，感到冷的、静止的、下降的、合的、由外而内的等等为阴。

三才指的是什么？

三才指的是天、地、人，上、中、下三丹田。

何为无极？

无极者，空空洞洞，混混沌沌，无端无形，无色无象，虚若无物，无一物而包万物。

道经云：天下万物生于有，有生于无。

易经云：太极者，无极而生，阴阳之母。

所以练功须从无极始，阴阳开合认真求。无极生太极，太极生两仪，两仪生四象，四象生八卦，八卦生五行，五行生形意，复归太极生混元。故练气功必先练无极，求混元须先求无极，不入无极圈，难成太极圈。

何求无极？静站无极桩，内经云："提挈天地，呼吸精气，独立守神，肌肉若一。"自己思虚冥心，摒除杂念，收心求静。心静神宁，神宁清静，清静无物，无物气行，气行觉明，觉明则神气相通。万象归根，合成一气而达一片无极景象。

怎样才算做到全身放松了？

练习太极棒尺内功，首先要调身，使周身内外各个部位放松。通过放松练习，使周身内外筋、骨、皮、肉、脏、腑和十八个大关节及全身的小关节节节松开，无有僵滞、阻塞之处，同时能感知内气顺畅流通于各个部位，方可算达到全身放松了。随功夫的深入，放松的程度会有进一步的理解体会。

有人在练功时病区疼痛加重是怎么回事？

有人在练功中有病区疼痛加重的现象，遇此情况时应予忍耐坚持，这是气冲病灶的功效反应，不要疑虑。经过一个时期练功后，不仅病痛减轻，病情还会大为好转。

个别人练功时或练功后，感到头部不适，有头晕、胸闷、气能上不能下的现象时怎么办？

(1) 其原因是由于掌握功法要领不当或是意念呼吸过重，与动作配合不协调等所致。

(2) 过早地练习意守上丹田、百会、囟门等窍位。

(3) 急于求成。在还没有达到某阶段"功夫火候"时，过早地提前练习下一步功法，这种拔苗助长式的练功方法也是造成此现象的原因之一。

练功遇到这种情况时，可调整意念为似守非守，似有似无。意念、呼吸、动作注意密切配合，协调一致，就可预防此现象的发生。再就是按部就班扎扎实实练功，不要急于求成，所谓"欲速则不达"就是这个道理。

也可采用降气法来帮助解决。其方法是：意守涌泉穴。双手由下向上举过头顶，然后两手心向下、指尖相对从头上向下行至胳膊、手自然垂直，身体重心也随之缓缓下降，腿微屈，随动作用意念引气由上向下降至涌泉穴，气降得不能再降时为1次。反复练习，即可解决头晕、胸闷、气能上不能下的现象。

练功为什么气到病区时有痛感？

练习气功气运行到病区时，有时会感到疼痛加剧的练功现象，因为在病区处，经络阻滞，气血运行不畅通，这是气冲病区所致，是好的练功反应。中医理论认为，经络不通则痛，经络不通则病，待气能够顺利通过病区后，不仅疼痛感消失，病情还会进一步得到缓解舒愈。

练习气功时为什么有人会出现自发功现象？

练习气功达到放松入静到一定程度后，身体某部位由外动到内动或由内动到外动，甚至有全身不由自主地动起来的现象，这是练习气功静极生动自发功的表现。内动、外动的主要原因是体内阳气发动之后，在身体内运行自我调节的反应。练功如出现此情况时，当动到一定程度后可以意识加以导引、控制。不动也不要去追求，更不要人为的动，当动到一定程度后运用意识来控制它。别人出现自发功时，此时不应去打扰惊动他。

三焦指的是哪些部位？作用是什么？

三焦是上焦、中焦、下焦的合称。三焦功能主气化。五脏六腑的调整完全靠气血的运行，而气血的运行主要靠三焦，三焦各有其经。

上焦：从心口窝到天突处为上焦，包括心和肺。上焦如雾，主宣发敷布，形容的是通过心肺功能，将水谷转化成精气后呈弥漫状态输布于周身，以充养筋骨、肌肤、百骸的作用。

中焦：从肚脐到心中窝为中焦，包括脾和胃。中焦如沤，主运化水谷，形容的是通过脾胃消化的食饮，吸收精微，使有营养物质化生津液,营血的作用。

下焦:从膀胱到肚脐为下焦,包括肝、肾、大小肠、膀胱等。下焦如渎,主清浊,形容的是通过大小肠、膀胱将新陈代谢后的糟粕排泄于外。

为什么要先练意守中丹田?

中医理论认为,中丹田窍位通五脏六腑、十二经、十五络,由于练功时先进行采气功的练习,有补气、养气、积气生精的作用,然后再进行精、气、神转化的练习,所以练习气功时意守中丹田是筑基法。

"搭鹊桥"意义是什么?

"搭鹊桥"是气功术语。练习气功时要求舌抵上腭,即为"搭鹊桥"。其意义是因上腭处有二孔,名为天池穴。舌抵此处起着沟通任督两脉,使气顺利下行的作用。

什么是"四门紧闭"?

"四门紧闭"是练气功的一句术语,即"锁心猿,拴意马,四门紧闭练内功"。四门指眼、耳、鼻、口。四门紧闭,即以意封闭眼、耳、鼻、口的活动,练功时达到眼不外观,耳不外听,口鼻不外嗅的练功方法,目的是让大脑的思维活动全部集中在意守部位。

三关九窍指的是什么?

三关指的是练习气功时,内气沿督脉上升时不易通过的部位,尾闾、夹脊、玉枕称之为三关。

九窍指的是练习气功时的意守部位。下丹田、中丹田、上丹田、命门、会阴、两手心、两脚心称之为九窍。

什么是阳窍、阴窍、天门、地户、中气线？

阳窍：指内气上升至人体最高点处，位置在头顶囟门为中心的区域，称之为阳窍（又称天门）。

阴窍：指内气下降至人体最低点处，位置在会阴为中心的区域，称之为阴窍（又称地户）。

中气线：阳窍与阴窍上下垂直线为中气线。

封天门闭地户之意是什么？

天门指的是囟门处，地户指的是会阴处。

封天门闭地户之意，是修炼时用意念将上下封闭，其目的是在"内气不出，外气不入"的情况下修炼积气成丹的方法。

窍呼吸与呼吸同步对吗？

练功时意守丹田或意守窍呼吸时，有时会感到窍呼吸与呼吸同步，这是正常的练功反应，但不要有意将口鼻呼吸去配合窍呼吸，如果这样就会影响自发的窍呼吸。

怎样正确掌握窍呼吸？

掌握窍呼吸的要领是练功入静后，忘却鼻息，三性归一守窍，即在意念的导引下，用意想丹田，用意看丹田，用意听丹田，任凭窍位自己发动内气鼓荡。

练气功时意守下丹田，男女练功效果一样吗？

练功时意守下丹田，男子主炼精，有生精炼精之功效，女子意守下丹田，先炼血，由血而转化成精，然后再运行精、气、神的互相转化。

如何正确对待性生活与练功的关系？

练习气功修炼人身三宝精、气、神。气足能生精，精足能转化成气，当气运行后，二者的密切关系更加明显。练功期间频繁的性生活是会影响练功效果的，因此练功期间应节制性生活，才能收到良好的练功功效。

收功时为什么要正转 36 圈反转 24 圈？

练习气功后收功时做正转 36 圈是古代练习收功的一种方法，旨在培养丹田内气形成球状。从圆周率和圆形运动规律角度来分析是很科学的、合理的。反转 24 圈，古代人认为三是变数，是指上、中、下三丹田和精、气、神的转化；八指的是东、南、西、北、东南、东北、西南、西北八个方位。

为什么要遵守练功方向？

练功时应注意遵守练功方向，此方法练习的是无形的功效，无形的功效看不见、摸不到，往往为练功者所忽视。待练功者内功水平达到较深层次后，方能体感到。例如，练功者的床位向南北方向，睡觉安眠效果好，早晨起来精神状态佳。床位向东西方向，睡觉安眠效果差，早晨起来精神状态不佳，其原理如同指南针识别方向一样，地球的南北磁场在悄悄地起着作用。因此，练功者遵守练功方向，有犹如给电池充电一样之功效。

古代气功理论中讲的元精、元气、元神与先天之精、先天之气和先天之神有什么区别？

元是原本之意，指的是婴儿未出生时的精、气、神，气功术语称为元精、元气、元神。待婴儿降生后，元精藏于肾，元气藏于脏腑，元神藏于脑。所以气功术语又称为先天之精、先天之气、先天之神。

为什么有些人同在一个老师的指导下，同时在练习一个相同的气功动作，但是功效反应上却有差距？

学员在练习气功时，虽然是在一个老师的指导下，同时在练习一个相同的气功动作，但是，由于具体到每个人的健康状况、气功水平及"悟性"上存在着差距等原因，所以反应出来对气功动作内涵的理解、认识、体感上存在着差异，是造成练功者功效反应不一的原因。

练习气功时感到津液增多时怎么办？

津液是人体主要液体之一，有温养肌肉，充润皮肤，润泽耳目、口鼻等窍位，滑润关节，补益骨髓之作用。津液的新陈代谢是维持体内液体平衡与津（精）转化成气的重要环节。

倘若津液生成不足，像大汗、呕吐、腹泻、大出血或持续高烧之后，耗伤津液过多，就会产生皮肤干皱，口唇燥裂，舌面无津，口干舌燥，目涩，鼻干，大便秘结，小便短少等一系列燥症。

由此可见津液之重要。所以练习气功时，如有津液增多的现象时，一定要将其咽下，气功术语称此为"玉液还丹"。切记不可将其唾掉。

为什么某些人感到有手脚发冷的现象，练习什么功法可以改变此状况？

这是由于某些人因身体虚弱、气血供应不足、疾病或是由于年老体衰、生理机能减退等原因，造成气血运行不畅，而不能通达于手脚梢节之缘故。通过练习本功法中的采气功、行气功，具有补气、增气、加强内气运行之功效。待体内内气充足后，又能够重新运行到手脚梢节时，手脚发冷便会得到明显的改善或自然消失了。

修炼气功达到高级阶段，身体放松时什么体会？

修炼气功达到高级阶段时的放松，则有另一番感受。打一个比喻，例如做饭和面时，初级阶段的放松，如同和死面一样，虽然是松软的，但瘫软堆积在一起达到高级阶段时的放松，不仅仅是形体上的放松，身体还会像发面包一样发起来，有内气充斥周身、顶天立地的高大形象和充满空间之感受。

练习气功时有肠鸣和放屁的现象，是否正常？

练习气功时有肠鸣和放屁的现象，说明通过练习气功促进了胃肠蠕动能力，增强提高了胃肠的吸收消化功能和排浊能力。

"五行"指的是什么？

五行指的是，"以自然界而言，金木水火土"；以脏腑而言，"心、肝、脾、肺、肾"；以步法而言，"进、退、固、盼、定"。

妇女修炼道家气功与男子有什么不同之处？

道家理论认为，由于男女生理构造不同，男子以精为宝，女子以血为基，所以女子修炼气功比男子要多一个步骤，男子练功时可直接炼精化气，而女子要先炼血，待血升华成精后，再进行炼精化气的练习。

修炼丹田需要几年的时间能练成?

修炼道家气功达至中丹田成形,通常3年为小还丹——内气微动;6年为中还丹——内气涌动;9年为大还丹——内气鼓荡。道家称修炼丹田之术"小则无病,大则升仙,9年练成,得道结丹"。

选择怎样的环境练功?是否可以在室内练功?

练功时应选择环境安静,空气清新,花草树木多的地方,如遇天气不好或冬季寒冷时,可在室内练功,但应注意保持空气流通和空气新鲜。

"五心归一"指的是什么?

"五心"指的是头顶心,两手心和两脚心。"五心归一"指的是五心之气归于中丹田,是练习道家气功气贯中腔气气归根的技术方法。

气功术语"五气朝元"指的是什么?

练功实践总结出来的经验,证实了练功时出现的一些生理变化是由于心、肺、肝、脾、肾五经的气血充沛所产生的精华在发生作用。具体说,就是:心主脉,身上有跳动的现象,是心经气足之故;肝主筋,身体上有抽筋或窜动的现象,是肝经气血之精华在行动;脾主肉,身上有肉跳等感觉,是脾经气血之精华在行动;肺主皮毛,身上有如虫爬发痒或气流升降窜动,是肺经气血在行动;肾主骨,运动时骨节作响和精足阳举,是肾经气血精华充足在发生作用。练习气功出现的这些现象,气功术语称之为"五气朝元"。

为什么太极拳和气功相结合练习功夫会进步快？

拳谚云："练拳不练功，到老一场空。"有许多人虽然练习太极拳几年甚至长达十几年，可是还不能体感到练拳时有内气或内气相随而动，而感到"内功"进步不快。练习太极拳的同时结合练习气功，能促进"内功"的进步，达到练习太极拳时，意到气到，气到动作到，内外合一的练拳功效。

练习气功时不能入静怎么办？

入静是练习气功的重要环节，练功时能否入静，入静的质量直接影响到练功的成效，所以练功时掌握好入静的方法最为关键，也是基本功。常用引导入静的方法有以下几种：

（1）意守法：练功时意气守丹田或其他窍位，以帮助入静。

（2）数息法：练功时默念自己呼吸的次数，一吸呼为一次。

（3）听息法：在数息法的基础上，进而采用听自己呼吸出入声音的方法，以诱导入静。

（4）以动导静：练习静功杂念丛生不能入静时，可改为练动功，以动导静。待能够入静了再练习静功。

练习道家气功为什么强调以时辰调节气血？

因为气血运行随时间的变化而变化，尤其是昼夜的变易使阴阳发生变化，阴阳变化使气血的运行随之变动，这样就形成了子午流注及气机升降宣发的现象。所以循时练功对祛病、强身、增功效果更佳。

初级者可以练习高级功法中的动作吗?

初级者是可以练习高级功法动作的,但是要和达到了练习高级功法的修炼者相比,所不同的是,初学者是有时虽然动作外形上看似做对了,但往往是只知其表,而很难达到高级功法动作中所要求的意到、气到、动作到、内外合一的练功效果。这便是古人所总结出来的经验。"练动作容易,练气难,练气容易,练功夫难"的道理。

初学者必须经过一定的时间练习后,只有深入到了内气的层次,完成了由外而内的过程,达到了高级功法动作中所要求的"内形"运动,此时才真正地掌握了高级功法动作的运动规律。

练习气功达到某阶段后,想进一步提高水平,遇到困难的时候,怎么办?

当练习内丹功或外丹功达到某阶段后,继续修炼下一步的功法时,如遇到困难或阻力,难以提高进步的情况下,此时应注意加强采气功的练习。

因为练习采气功有补气、增气之功效,有利于帮助功夫进一步的提高。加强采气功的练习,有如同烧水未开之时,添火加柴一样的功效。

妇女月经期间是否可以练功?

妇女在月经期间一般情况下是可以练功的,但应该相应地减少练功时间和减轻练功强度。如果练功后感到身体不适或出现经量过多的现象时,可暂停练功数日,待经期过后再练功。

修炼道家气功三个重要的转折点和里程碑指的是什么?

第一个转折点和里程碑指的是"由后天气转化过渡至先天气,由后天呼吸法转化过渡至先天呼吸法"。

第二个重要的转折点和里程碑指的是由内丹功法转化过渡至外丹功法。

第三个重要的转折点和里程碑指的是非眼内视"觉明"阶段,由原来的练功时用意内想,眼内视,耳内听,"三性归一"的意守方法,转化过渡为意照,心照,神照,"三照归一"为"光照"的修炼方法。

第六章　道家气功功效研究

拍打功预防血栓形成的研究

近年来，我国的心脑血管血栓性疾病发病率增高，这类疾病已成为我国人口病亡的主要原因之一。因此，北京国际教学中心与几家医疗单位合作，开展了拍打功预防血栓形成的研究。

一、实验方法

（一）病例选择：健康中老年人 47 例，高脂血症患者（包括脑血栓后遗症、糖尿病等高凝状态者）185 例。高脂血症患者随机分成拍打功组 105 例，对照组 80 例。健康人体是拍打功组。

（二）全部病例于实验开始前和 3 个月后实验结束时，清晨空腹抽取静脉血（要求抽血前 3 天内，服低脂饮食以免影响检测结果）。

（1）用 RIA 法：测定 GMP-140、TXB_2、$6-K-PGF_{1a}$。
（2）用萤光偏振法测定红细胞膜流动性：萤光偏振度

(P)，微粘度（n）。

(3) 用酶法测定甘油三酯（TG）、胆固醇（CH）、高密度脂蛋白（HDL）。

为保证实验的一致性，(1) 项检测实验前血标本取好后，放置 -40℃低温冰箱保存，等实验结束后血标本取好再同时测试。

（三）拍打功组在我们的辅导下，每天上午和下午各练拍打功 40 分钟，时间为 3 个月。

对照组服用酸肌醇脂片，每次 2 片，每天 3 次，时间 3 个月。

二、实验结果

（一）拍打功组：GMP-140 功前 18.53 ± 3.78ng/ml，功后 13.04 ± 2.59/ml。功后较功前明显降低（$P<0.01$）；对照组：治疗前 20.41 ± 9.34nl/ml，治疗后 19.52 ± 8.76ng/ml，无明显变化（$P>0.05$）；

（二）拍打功组：TXB_2 功前 124.45 ± 32.68pg/ml，功后为 81.83 ± 25.73pg/ml，功后较功前明显减少（$P<0.01$）；$6-K-PGF_{1a}$ 功前 48.6816.39pg/ml，功后 47.5616.78pg/ml，无明显变化（$p>0.05$）；T/K 比值功前 3.02 ± 1.25，功后 1.97 ± 0.94，明显降低（$P>0.01$）。对照组：治疗前 $TXB_2 152.574 \pm 37.548$pg/ml，$6-K-PGF_{1a}$ 为 44.649 ± 16.012pg/ml，T/K 比值 3.722 ± 1.242；治疗后 $TXB_2 703.329 \pm 379.869$pg/ml，$6-K-PGF_{1a} 83.41 \pm 42.105$pg/ml，T/K 比值 8.67 ± 3.756，治疗后均比治疗前明显增多（$P<0.01$）。

（三）红细胞膜流动性。拍打功组：健康人功前 P 值 0.276±0.017，功后 0.273±0.017，功后较功前明显降低（P<0.01）；n 功前 3.033±0.457，功后 2.958±0.449，功后略有降低但不显著（P>0.05）；高脂血症患者功前 P0.281±0.023，功后 0.267±0.018；n 练功前为 3.22±0.813，功后 2.8050.45，功后均较功前明显降低（P<0.01）；而对照组治疗前 P0.283±0.028，n 值 3.337±0.93；治疗后 P0.297±0.031，n3.868±1.283，治疗后均呈增加趋势，但不显著（P>0.05）。

（四）血脂（mmol/L）。拍打功组：健康人功前 TG 值是 1.344±0.358，CH4.7010±.0601，HDL1.227±0.224；功后 TG1.097±0.548，GH4.484±0.751，HDL1.253±0.312，功后 TG 明显减少（P<0.001），GH 呈下降、HDL 呈上升趋势但不明显（P>0.05）。高脂血症患者练拍打功前 TG2.608±0.77，CH5.115±1.005，HDL1.086±0.324，功后 TG1.435±0.656，CH4.65±0.906，HDL1.224±0.304，功后 TG、CH 明显降低（P<0.001），HDL 明显增加（P<0.01）。而对照组治疗前 TG 2.278±2.034，CH6.5±1.407，HDL1.232±0.479；治疗后 TG 1.947±1.103，CH4.87±1.156，HDL1.147±0.311，治疗后 CH 明显减少（P<0.001），TG、HDL 均呈下降趋势但不明显（P>0.05）。

三、讨论

a- 颗粒膜蛋白（GMP-140）是血小板活化的特异标志之一，它能特异而敏感地反映血小板活化程度。在血栓前状态下 GMP-140 含量明显增加。拍打功锻炼后 GMP-140 明显降低，表明拍打功锻炼可使血小板活化程度明显降低，而对照组无此作用。

血栓烷 A_2（TXA_2）是血小板花生四烯酸的主要代谢产物，它是一种强烈的缩血管物质，并能促进血小板聚集中诱发血栓形成。前列环素（PGI_2）主要由血管内皮细胞合成，它是一种强烈的扩张血管物质，是对血小板聚集最有效的内源性抑制剂。在正常生理状态下，血中 TXA_2 和 PGI_2 处于相对的平衡状态，以控制正常止血机制和防止血栓形成。假如血小板释放 TXA_2 增加或血管内皮细胞产生的 PGI_2 相对减少，使 TXA_2 和 PGI_2 的比值增加，就会导致血小板聚集甚至血栓形成。我们通过测定血浆中 TXA_2 和 PGI_2 稳定的代谢产物 TXB_2 和 $6-K-PGF_{1a}$，发现练功后使 TXB_2 较功前明显减少，$6-K-PGF_2$ 无明显变化，T/K 比值明显减少，进一步表明拍打功锻炼能有效抑制血小板的激活，纠正血中 TXA_2/PGI_2 平衡失调，减轻血栓前状态。而对照组则相反，TXB_2、$6-K-PGF_{1a}$、T/K 均较治疗前增加，提示血栓前状态加重。

红细胞膜的流动性是维持红细胞正常生理功能的必要条件。红细胞膜流动性降低，使红细胞变形能力减弱，从而影响血液的流动，促使微循环障碍的发生并易形成血栓。拍打功组功后 P 和 n 均较功前明显下降，表明拍打功锻炼使红细胞膜流动性增强，血液黏度降低，有利于血液循环和代谢，具有防止血栓形成的作用。而对照组则不具此作用。

高脂血症是心脑血管疾病的主要病理基础之一。拍打功锻炼后取得了明显的功效，可使 TG、CH 明显减少，特别是使 HDL 明显增加，更有利于防止动脉粥样硬化的形成。尤其是健康人练功后可使 TG 减少，CH 呈减少 HDL 呈增加趋势，表明拍打功锻炼不仅可以治疗高脂血症，同时还具有防止高脂血症发生的作用。而对照组虽能使 CH 明显减少，但疗效很不理想。

拍打功锻炼是我国传统的医疗保健措施。综观本研究结果表明，拍打功锻炼可通过有效地提高红细胞膜的流动性，调节血管内皮细胞功能和抑制血小板的激活，加强体内脂质代谢来预防血栓形成。为血栓前状态的防治开辟了一条经济、安全、简便的自我康复途径。同时也为拍打功锻炼后微循环和血液浓、黏、聚现象得到改善，提供了血液分子状态改变的依据，为拍打功锻炼祛病健身提供了新的科学证据。

道家气功"从肾论治"之研究

道家气功是中华民族优秀的文化瑰宝之一，也是中国医学宝库中的一颗明珠。几千年来，中国道家气功在养生保健、防治疾病、延年益寿、开发智力、增长内功等方面已经作出了很大贡献。现在越来越受到国内外气功爱好者和患者的青睐。关于气功医疗作用的机理，目前正在进行广泛研究与探索，我们根据近几年来从事医疗气功的临床实践，结合中医理论，探讨道家气功"从肾论治"的观点。

中医所指的"肾"，不仅包括西医解剖学中的肾脏，而且也反映了泌尿生殖系统、神经内分泌系统、呼吸系统、运动系统和水液代谢等方面的某些生理功能及其病理变化，因此，中医所指的"肾"涉及的范围较广，在人体脏器的功能方面颇为重要，在生命活动中具有某种特殊的地位。

一、道家气功与肾的关系

道家气功是通过调心、调息和调身三者密切配合，以内炼精、气、神为主要目的，以放松、入静为核心的自我身心锻炼的方法。道家气功学把精、气、神称为人身三宝，将其视为构成人体生命活动的主要物质，精、气、神三者之间相互依存，又相互转化。这三者中精是基础、气是动力、神是主导。在道家气功锻炼中特别强调首先要炼精，在练功过程中特别注重意守下丹田、命门穴和涌泉穴，这些意守部位都与加强"肾藏精"的主要功能有关。气功锻炼还具有培育元气、健脑益智的功效，促使人体身强力壮，记忆力增强，防治疾病，延年益寿。这里所指的"元气"，又名"原气"、"真气"，是人体生命活动的原动力。中医认为元气是从父母禀受先天之精气，经肾的气化作用和水谷精微的滋养而成。元气能推动人体的生长发育，温煦和激发各个脏器和经络等组织器官的生理功能，是维持人体生命活动的最基本物质。在古代气功文献中，常把元气写作"炁"，所以元气又称为"原始祖气"。人在出生之前，"炁"是推动胎儿内呼吸的主要动力，人在出生之后，"气落丹田"成为"呼吸"之根。因此，道家气功锻炼主要能够加强肾的气化作用和提高大脑及大脑皮质的功能。这与中医"肾藏精"、"精生髓，髓通于脑"、"脑为元神之府"的理论相符。道家气功锻炼强调疏通任督二脉，其中督脉以循行于身体背面正中线为主，属肾络脑，其主要功能有二：其一是总督一身之阳经，调节一身阳经的气血运行，所以称为"阴阳脉之海"；其二是反映了肾、脊髓和脑的功能。道家气功锻炼能够发挥督脉的生理功能，也加强了肾的生理功能。由此可见，道家气功锻炼与肾的关系甚为密切，道家气功"从肾论治"的理论值得深入研究。

二、道家气功"从肾论治"的应用

道家气功"从肾论治"的理论，临床应用是以肾为核心，不仅可以治疗肾虚病证，如阳痿、遗精、不育症、慢性肾炎、糖尿病、腰背酸痛、耳鸣等，而且可以治疗与肾有关的脏腑病证。按照中医五行学说，肾与肝、心脾、肺关系极为密切，肾属水，肝属木，肾水可以滋养肝木，所以滋肾养肝法能够治疗肾阴不足，水不涵木而致肝阴不足、肝阳上亢的病证，如高血压、脑血管疾病、头痛、眩晕、目赤肿痛等。心属火、心藏神，肾水可以制心火，因此滋肾泻心法能治疗肾阴亏损而致心火上炎、心神不安的病证，如神经衰弱、心悸、心痹痛、口舌生疮等。脾属土，主运化，为后天之本、气血生化之源；肾藏精，为先天之本，生命之源，肾、脾可以相互促进，所以健脾补肾法可以治疗脾肾阴阳两虚的病证，如慢性胃肠炎、溃疡病等。肺属金，肺为气之主，司呼吸；肾主纳气，补肾可以加强肺主管呼吸的功能，所以补肾纳气法能够治疗肺肾气虚，咳喘日久的病证，如老慢支、肺气肿、哮喘等。由于道家气功锻炼是以内炼精气神为主要目的，其中以内炼元精、元气、元神尤为重要。而肾与元精、元气、元神的关系最为密切，因此道家气功"从肾论治"适用于治疗许多常见病和多发病，这对于其临床应用具有一定指导意义。

综上所述，道家气功"从肾论治"的理论是康复医疗的原理之一，从中医理论和道家气功临床应用中证实气功"从肾论治"的观点是有一定科学根据的。

对道家气功"调心"的研究

道家气功具有健身康复、防病治病、延年益寿的作用已毋庸置疑。道家气功用于祛病强身所取得的效果也越来越引起人们的普遍重视，而在道家气功三调（调身、调心、调息）中，调心居首要地位。因此，深入探讨道家气功调心对机体的效应及实验机理，是道家气功研究中的重要内容。

道家气功调心，主要是对心——脑功能的调整，这是练好道家气功的关键。

通过道家气功"调心——入静"，有利于脑循环改善。我们对9例原发性高血压患者，在接受气功治疗前后进行脑阻抗血流图的测定，结果提示练功入静后，可以使脑循环输入阻抗下降，血管紧张性收缩程度减轻，有利于脑循环改善。我们对入静后脑血流图的观察表明，练功入静对血管左右对称性的调整和改善血管壁的弹性有积极作用。这对增强大脑机体活动，激发大脑固有潜能和改善全身机能状态是极为有利的。

脑电图 a 节律可以作为一个人意识水平的客观指标。我们用多指标分析综合观察气功功能态下脑电图的变化，发现练功中脑电图额部和枕部 a 节律电压增加是其特征之一；我们通过对36名练内丹功者练功过程中脑电功率谱分析也发现，脑电 a 波段在整个功率谱中所占的百分比明显升高，脑电功率谱陈列图分析也见 a 波段能量逐渐增大。脑电 a 波指数升高已被公认代表人的安静程度，这说明 a 波增加确实反映了练功时大脑入静程度，并且这种入静程度是逐渐加深的。

气功态下皮质自发电位活动的共性是 a 波峰值增加，频率变慢，额枕脑波关系逆转，以及全脑 a 波同步化。我们从气功态下脑电图的变化看，入静后出现 a 波，给予刺激仍无变化，而休息及睡眠则无此现象。说明气功入静中大脑皮质状态与休息和睡眠不同。《医用气功学》转引北戴河气功疗养院和中国科学院生物物理研究所等单位报道：练功 20 分钟前后两次脑电图测试结果表明，对照组额枕各频度的相对功率无明显变化，而气功组在入静过程中额区频度相对功率明显下降，a 频段则明显上升，睡眠组则在枕区发生与此相反的变化。因此他们认为不应仅从气功态时眼动频率下降，呼吸次数减少，心脏早搏消失，脑血流量下降及痛阈提高等现象，就以为入静是大脑皮质的抑制，也不应从脑电功率谱的增高，多种动作敏感性准确率增加，光点响应功能增强，限时心算解题准确性上升以及肢体血液量增加，就认为练功引起大脑兴奋，实际上练功是对整个神经系统兴奋和抑制过程的调整。也有的学者认为，入静下大脑皮质处于"清醒的低代谢状态相吻合的主动性内抑制"。额区是脑功能最高级和潜力最发达的区域，练功中脑电图 a 波幅明显升高，说明有可能通过气功态接通额叶与丘脑——垂体系统的联系，从而使气功者对体内过程的控制成为可能。练功者通过主动的意识活动去影响内脏功能，达到治病强身的效果。同时，内脏及其植物性功能的活动信息，由植物神经中枢——下丘脑，通过丘脑进入专管意识活动的前额区，转变成意识或对某些意识活动加以"润色"，因而出现了入静时的各种心理景象。由此可见，在气动入静过程中，额区皮质与丘脑之间相互作用，可能就是气功的心理过程作用于生理功能的神经机制。

当大脑进入到气功态时，人体的神经递质及内分泌激素代谢也有一些良好变化。在气动态下，肾上腺素代谢大大降低（降一半左右），而五羟色胺的代谢水平提高（高 2~3 倍）；可使生长激素、皮质激素分泌减少，血浆中催乳素浓度提高，多巴胺活性降低，从而使蛋白质更新率下降，相对地延长了神经细胞的寿命。

练内丹功后，Et-RFC%（总 E 花环形成细胞百分率），LT%（T 淋巴细胞转化率）和血清溶菌酶（其活力在一定程度上是机体细菌感染的非特异性免疫功能指标，可反映巨噬功能）含量均较练功前升高，可见气功锻炼能够提高机体的免疫功能。

当人体处于松静状态时，对外周循环和微循环产生一定的影响，练功后 5—HT 含量明显下降，这样外周血管由收缩转为扩张，表现在微循环多种指标改善，毛细血管血流量也比平时增加 15~16 倍。由于外周血管的扩张和毛细血管血流量增加，这时可感觉到手足或意守丹田等部发热，有气行、气动、发痒等感觉，也就是气功中所谓的"气感"。毛细血管随血流量的增加，携带血、氧等营养物质、激素等也相应增加。这也许是许多练功老人能够童颜鹤发、老年斑变浅或消失的原因。据 1977 年美国学者本森（BCNSON）博士在研究气功放松疗法（即松弛反应）和静坐实验观察证明，人类心理活动，可引起互相抗衡的下丘脑反应——应激反应和松弛效应。应激反应伴有交感神经系统活动增加，而松弛反应却以持续的交感力降低变化为其特征。机体放松后，可出现氧耗量、脑电、肌电、血压、心率、呼吸频率、动脉血乳酸盐含量均有降低、减慢等一系列交感神经活动降低的变化。其中血液中乳酸盐浓度降低，是由于入静时全身紧张度减弱，毛细血管扩张，血液循环改善，血液中含氧量增加，而使得在缺氧时产生的疲劳素——乳酸盐浓度下降，紧张和疲劳解除。我们通过高血压患者练内丹功的生化参数变化，综合观察结果表明，气功锻炼对中枢及植物神经系统，下丘脑——垂体——肾上腺轴、性腺轴以及脂质代谢等有多方面有益的调整作用。这些都为道家气功保健、养生、治疗、康复作用提供了客观依据。

道家气功意守某一事物，具有第二信号系统调节人体机能活动的作用。我们观察到练习内丹功的意守劳宫时，相应部位的上肢血流非常显著地增加，而非意念部位的下肢血流量却有降低。认为这恰是气功师进入气功态以后，按照以意领气的原则，意到气到，气到血到，使相应部位血液量增加，这是气功之所以能自己治病强身的生理学基础。练功过程血压趋向正常范围，而意守头部则血压上升，意守足部则下降，意守丹田则取其中常，意守部位的皮肤温度也明显上升。我们运用脉象仪测试内丹功锻炼时的脉象，也发现运气于喉、胸、上腹、下腹等不同部位时，寸、关、尺脉象也起相应的变化，特别是练大、小周天功行气时，脉象的幅度变化更大。我们从系统观点出发，用多个指标综合观察了80名被试者在气功功能态下脑电、呼吸、穴位皮肤温度、心率和血流等生理学指标的变化，发现在气功功能态下意守下丹田时，气功师、练功组比对照组脑血流明显减少，呼吸频率显著减慢，穴位皮温上升，下丹田区域血流量明显上升，脑电图 a 波节律电压上升。这些变化是气功功能态下具有特征性的生理变化。从而给描述气功功能态提供了比较系统的客观实验指标。

道家气功通过调心——入静、放松、意守，使中枢神经系统进一步得到修复、调整和平衡，同时也促进了循环系统功能，提高机体免疫机能，影响生化、代谢、内分泌功能等，从而使机体自动调节系统趋向有序化程度更高的状态。这对保健康复、防病治病、延年益寿、开发潜能、增功增智都有着极其重要的意义。

第七章　太极棒尺内功传人

陈　丹

太极棒尺内功相传于华山道士陈丹，距今已有千余年的历史了。

陈丹乃道号，他的原名为陈希夷（817—989），是道家气功修炼名人。他不仅在道家门传授太极棒尺内功（原名为干坤针、导气棒），他还著有 24 气坐功导引图。据传说在宋朝年间，陈丹与赵匡胤（宋太祖）是多年好友，陈丹曾教授给赵太极棒尺内功，并赠送 24 气坐功导引图。后来，赵匡胤当了皇帝，太极棒尺内功又成了皇宫中修炼养生长寿之密术。

彭庭俊

太极棒尺内功在道家门内相传源远流长。太极棒尺内功对外传授还要从中国武术流行的鼎盛年代，清朝的 1820 年间谈起。

当年道家名人霍成广老道到山西一带布坛传道时，有一名叫彭庭俊的青年人，练习拳术多年，当他得知此消息后，不顾路途远，赶去学习道家之术，尤其是当霍成广老道讲到如何修丹炼内功时，彭听得如醉如痴深感有点石为玉之言，只觉相见恨晚，从此多次登门求教。老道看彭勤奋好学，很是喜欢，每次彭去都根据他练功情况指点一二。彭如获至宝，他按指点方法开始修炼道家内功术，几个月后他已感内功进步了许多。当彭再次登门想正式拜师学艺时，不曾想老道已到其他地方云游布坛传道去了。彭懊悔未及，无奈只好按老道指点的方法每日下工夫苦练。一晃不觉三年过去了，三年之后当霍成广老道再次到山西布坛传道时，彭听说后起大早赶去相见，当与老道谈起这三年多按师之指点的方法，每日早起晚睡苦心修炼时，老道很是满意，于是正式收他为徒。彭自拜老道为师，得其《道家内功》《导气棒内功》，彭如获至宝，经过一个阶段的练功后，如鱼得水，功夫日增，经过多年苦心修炼，终于功进大成，名扬武林界。

道家气功著名传人胡耀贞先生武林逸事

有一年的大年初五，冯志强先生和十几个师兄弟们约好了，一起到胡耀贞老师家去拜年。这几天过年，胡老师正休息，见这么多学生来给他拜年，很高兴。他和大伙聊了一会儿后，对大家说："今天我让你们体会体会'站桩功'的功效。"然后胡老师和大伙来到了院子里，胡老师做了个"站桩功"的姿势后，让两个人抓住他的左胳膊，两个人抓住他的右胳膊，用劲向前拽，又让两个人在他背后使劲向前推他。只见这6个身强力壮的小伙子几乎使出了吃奶的劲也没有拽动胡老师一步。胡老师就像一座铁塔一样纹丝不动。突然，胡老师做了一个"金鸡抖翎"的动作，6个年轻力壮的小伙子立刻被纷纷抖落得前仰后合地摔倒在地上了。

胡老师让一个学生击打他的腹部（丹田），当那个学生上步用拳头猛击他的腹部时，胡老师并不动手，只运用"丹田鼓荡"的内功之术，便将那位学生击出五六米开外。

据冯志强先生回忆当时的情景，当时大家既想看胡老师难得展露的内功绝技，又怕胡老师叫自己去试，所以有的人躲到墙角后面，有的人躲到房柱子后面，还有的人跑进屋子里从窗户往外看，谁也没有勇气再上前去试了。

晚上，大家在胡老师家吃饭时，胡老师语重心长地对大家说："今天我给你们示范表演的内功之术，是想让你们了解修炼内功的重要性，修炼内功就像盖房子打地基一样重要。"他一边说着一边从桌子上拿起了一根木筷子，随手向门上一甩，只见木筷子似飞出去的利箭一样，深深地扎入门板里有4寸多深。在大家惊叹之余，胡老师又接着说："今天你们都看到了，要记住一句武术谚语'练拳没有功，到老一家空'，希望你们以后要加强对内功的修炼。待你们内功达到一定水平后，不仅能达到健身祛病、延年益寿之功效，将内功运用于中医的点穴按摩上疗效更佳；运用于硬气功能开砖劈石；运用于拳术之中更觉气力饱满充沛；运用于器械则更具威力；运用于技击擒拿之中有更胜一筹之功效。"

胡老师因势利导的一席话，使大家更加了解到了修炼内功的重要性。纷纷下定决心，一定要把内功练好。

太极棒尺内功是什么年代被引进到陈式太极拳中来的

陈式太极拳中现在有两项训练内功重要的功法——太极棒尺内功和站桩功。但是，从太极拳的历史资料和书籍中，从未提及到陈式太极拳中有太极棒尺内功和站桩功训练方法方面的记载。那么，太极棒尺内功和站桩功是什么年代被吸收引进为陈式太极拳的训练方法的呢？

这还要从 1928 年 10 月陈发科先生从河南温县陈家沟村来到了百花齐放的北京城谈起。自从陈发科先生来到北京，开始传授陈式太极拳后，不久，便结识了当时北京武林界道家气功和心意六合拳的著名传人胡耀贞先生。由于两人性格相近，又都酷爱练功，所以两个人很谈得来。陈发科先生很敬佩胡耀贞先生精通内功之术和渊博的中医知识，胡耀贞先生也很佩服陈发科先生的太极拳技艺和令人尊敬的武德，两人在长期的交往中建立起了友谊，成了知心朋友。

当时陈发科先生住在宣武区螺马市大街的河南会馆，胡耀贞先生住在宣武区前门大街，他在北京市针灸门诊部工作，是中医师。两家离得不太远，所以他们时常在空闲时，互相串串门聊聊天。当然"三句话离不开本行"，两人谈论最多的是一些关于练功和武林界中的一些事情。

一个星期天的中午，陈发科先生吃过午饭后无事，便到胡耀贞先生家去串门聊天。当他走进胡家的院里时，看见胡耀贞先生正在院子里练习站桩功。陈发科先生不想打扰他练功，就从院里悄悄地退了出来,便到前门商业街一带去散步。一个多小时后,当他再次来到胡家时,看到他还在纹丝不动地站着,他又退了出来,到附近的一家茶馆喝茶去了。当他第三次来到胡家时,正好赶上胡的太太从屋子里出来,看见陈发科先生后,将他迎进了屋子里。胡耀贞先生得知陈发科先生到来后,便收功不练了。

当两人聊到练功方面的一些事情时,陈发科先生说:"经常看到你练习和谈论起站桩功和太极棒尺内功。它的技术理论和练功方法很有独到之处。我们陈式太极拳中也有缠丝功练习方法,两者如能结合起来,岂不是更好了吗?"胡闻此言道:"陈兄所言极是,我们不妨练练试试。"说着走进里屋取出了两个太极棒,然后,胡耀贞先生便带着陈发科先生练了起来⋯⋯

从此,陈式太极拳的训练项目中,又增添了两项训练内功的重要方法。陈发科先生是陈式太极拳第十七代著名传人,当时他能做到互相交流,取长补短,实为现代人学习之楷模。

"太极巨人"冯志强先生武林逸事

力托千斤露神功

20世纪60年代,冯老师在北京电机厂工作期间,一天,过梁吊车吊着一台上千斤重的电机芯在车间内运行时,突然发出了吱吱作响的异常声音,原来是吊着电机的钢丝绳松脱了,眼看电机就要坠落下来，正在旁边工作的冯老师发现后，一个箭步冲上去稳稳接住了这个庞然大物。在场的人都被他的举动惊呆了。那电机芯的重量可是1100斤啊，平时七八个身强力壮的小伙子也要费好大气力才能抬动。此事在电机厂里传开以后，不少年轻人出于好奇，多次想办法激他露一手，可冯老师不管青年人怎样"欺负"他，总是笑笑，不和大伙儿较真。

那时北京电机厂里有一个摔跤队，队里有12个生龙活虎的小伙子。一天，冯老师路过摔跤队的训练场地，被小伙子们看见，便一窝蜂围上来要与冯老师较力。冯老师推辞不过，便笑着说："你们排成一队来推我吧！"于是这12名摔跤手一个接一个，像"火车"一样排成一队，最前面的人用两手推在冯老师的腹部上，然后，随着一声"一、二、三，推！"的口令，大家一齐用力向前推去，只见冯老师身体往下一沉，丹田内转，12名摔跤手纷纷被东倒西歪地摔倒在地。

说来也巧，1987年在深圳举办的国际武术训练班上，一个外籍学生也想试试冯老师的功力，便约来了7个同学一起来推冯老师，当时正巧有位记者在场，拍下了这个饶有风趣的场面。

爱憎分明惩歹徒

一天，冯先生下班回家途经一条胡同时，忽听前面有人哭，走近一看，三个歹徒正在抢一个姑娘的自行车。歹徒见有人来，一齐亮出尖刀威胁着："你少管闲事！"面对歹徒，冯先生怒从心起，说声："让我遇见了就得管！"话音未落一拳打倒一歹徒。第二个家伙凶狠地刺过来，冯先生让过刀尖，反手擒拿住歹徒的手腕，只听"咔嚓"一声，尖刀被打落在地。第三个歹徒从冯先生的身后冲上来，只见他一蹲身将歹徒掀翻在地，三个坏蛋一看碰上了硬碴儿全吓跑了。最后冯先生一直将姑娘送到家门口，等姑娘的家人来道谢时，他早已消失在夜色中。

巧挫美国大力士

1981年9月2日上午，北京体育学院（现北京体育大学）的卫生室里请来了一位重眉毛、大眼睛、虎背熊腰、体格魁伟的老工人当按摩大夫。他，就是冯志强老师。

不一会儿，武术教练门惠丰陪着一位美国大力士来到卫生室。他每天来按摩，倒不是因为有什么病，而是在学习中国的按摩手法。按摩完毕，他还趴在床上，卫生室的李大夫悄悄走到他的头前，说："你不是要见冯老师吗？"

"什么冯老师？"大力士一愣。"冯志强老师呀！"李大夫抿嘴一笑。

原来，这位大力士叫库玛，是美国太极拳研究社教练，身高一米八十多，体重一百八十多斤，33岁。他6岁开始练猴拳、少林拳，后又学合气道、形意、八卦、太极；为学瑜伽术内功曾专门到印度两年，也曾向日本的最高手学柔道，在美国曾获柔道冠军；走遍五十多个国家。这次，他从东南亚、香港而来，走过的地方没遇到对手。踌躇满志的库玛来到北京体育学院后，找了几位练太极、形意的人和他过手，不满意地说："像这样的我不再见了，简直是浪费工夫！"

说起冯志强，早年曾随沧州人韩晓峰练通臂，随山西人胡耀贞练六合心意和道家气功，1951年拜河南陈家沟名拳师陈发科练陈式太极拳，深得陈式太极擒拿跌打的精髓，堪称陈发科之高徒，曾多次与通臂、炮捶、形意、八卦、摔跤者较量，对方无不佩服他的功夫和人品。

寒暄过后，库玛练了几个式子，比划了几手猴拳。问道："怎么样？"冯志强答："你上身有力，下身发飘。"

库玛自然不服气，便"谦虚"地请"冯老师"说说手法。冯志强说："好，你来劲，我接劲吧！"

库玛高兴异常，用上全身解数，饿虎扑食般猛扑过来。说时迟，那时快，冯志强双臂自下而上一迎，迅即沉肩坠肘，左膝已进入对方裆间。此招在太极拳上称做"引进落空"。库玛有前倾扑空之感，赶紧后撤找重心，冯志强的右膝已绊住他左膝，哪里站得稳？冯又一点他胸部，他一愣，冯并双手发劲，没等他反应过来，已被击得腾空而起，幸好后面有人接住，否则还不知要跌成啥样呢？

库玛站住身后，伸出大拇指，用不熟练的汉语咕噜着说："冯老师不得了，冯老师不得了！"

冯志强谦逊地伸出小拇指说："在中国，我属这个，比我强的还大有人在！"

"真太极"技惊上海

1982年7月，"全国太极名家汇演"在上海举行。当时的上海武术界就像七月的夏天一样，掀起了一股"太极热"。而冯老师则是这股热潮中最热的热点之一。其原因有二：一是人们要看看这位挫败洋武师名扬海内外、当今陈式太极拳最高代表的风采；二是此次全国太极名家汇演，其他的太极名家都是带着学生来并要和自己的学生表演太极推手的，而冯老师却是单刀赴会，配手由大会指派。第一场汇演时，大会组委会指派了一位练太极拳的当冯老师的推手对手，双方一搭手，只见冯老师"弹簧劲"一抖，对方便腾空而起，身体划着弧线飞了出去，重重地撞向了主席台，撞翻了台上的杯子。观众们对冯老师精妙的推手报以热烈的掌声。

第二场汇演在室外体育场举行，大会组委会又指派了一位练外家拳硬气功的武术好手当冯老师的推手对手，此人在上海很有名气，出手从不饶人。双方一交手，那人果然不客气地使尽全力朝冯老师击来，只见冯老师运用了一个太极拳中的"黄龙三搅水"的动作，一招便将他打翻在地。随后又使用"引进落空"，使对方身体前栽后扑倒在地。与会者及观众们大开眼界，对冯老师的太极功夫赞不绝口，那位推手对手更是打心眼里佩服冯老师，他说出了大家的心里话："冯老师的功夫是真功夫，冯老师的太极是真太极。"

群星研技聚北京

"文革"过后，从1982年开始恢复了全国太极推手比赛，在几年来的全国太极推手比赛上，参赛选手普遍技术水平较低，太极拳的技击风格体现不出来，出现一些"顶牛""拉扯"的现象，有些人甚至对太极拳理论中的技击方法产生了疑惑。根据此情况，中国武术院研究决定，召开一次全国太极推手研讨会，以解决上述在全国太极推手比赛上存在的问题。

1990年，中国武术院邀请了全国太极拳各派的名家代表和在全国太极推手比赛上取得各级别的冠军们，汇集在中国武术院设在北京郊区的训练场。中国武术院副院长张山主持了这次全国太极推手研讨会，在研讨会上有人提出了比赛规则中的一些规定限制了推手技术水平的发挥，也有人提出是比赛场地较小而产生"顶牛"和"生拉硬扯"的现象等等。陈式太极拳代表冯志强老师提出，参赛选手技术水平较低，功夫不到家，是造成太极推手比赛时发生"顶牛"和"生拉硬扯"现象的主要因素。所以，提高功夫水平、提高技术质量是克服推手弊病的最有效的方法。

在实践推手研讨时，中国武术院安排让各级别的推手冠军轮流进行推手，并请太极专家们在出现问题时，给予现场技术指导。在众名师之中，冯老师自然又担任起主要技术指导的重任。

当研讨遇到发生"顶牛"现象时，冯老师指出，遇到此情况时一方要敢放松，敢放松才能进行"引进落空"化解对方的来劲，不敢放松是造成双方发生"顶牛"现象的主要原因。年已60多岁的冯老师亲自和他们进行推手，让他们体会克服"顶牛"现象的有效办法：(1) 当对方抓住冯老师的双臂用力推来时，冯老师双臂向后引动，待双方旧劲已逝、新劲未生之际，双臂迅速反弹以"弹簧劲"将对方发放出去；(2) 当对方用全力推冯老师胸部时，冯老师旋胸转腰将对方劲化开，就在对方身体失重的刹那间，迅速进身上步，一记干脆利落的发劲，将对方发出去。对方起来后，抓住冯老师的双臂再推，冯老师运用变化阴阳的技术，将对方来劲"引进落空"后，迅速反击，"合即出"地将对方击打出去。

冯老师的言传身教使大家心悦诚服，决心在提高技术质量上多下工夫。

名人拜师再学艺

在全国太极推手研讨会结束的晚宴上，河南省太极拳代表张茂珍先生亲自给在座的武术院的领导、太极拳名家的代表、各级别的推手冠军们斟酒，并激动地说，我出身在一个武术世家，练功几十年，虽然在河南郑州等地有一些影响和名气，但是，通过参加此次中国武术院组织的全国太极推手研讨会，看到冯志强老师亲自示范和技术指导，深感艺无止境。我十分敬佩冯老师的太极功夫，今天当着武术院的领导和大家的面，请大家作个证，我要正式拜在冯老师门下重新学艺。

话音刚落，坐在一旁的曹之麟先生站了起来，紧接着说我练武近 20 年，曾在太极推手上下过些工夫，获得过上海市 1982 年、1986 年和全国 1986 年的太极推手比赛 65 公斤级的冠军。虽然取得了一些成绩，但在实践中免不了会产生两力相顶的情况，我心里也明白太极拳的特点是以弱胜强、以小力胜大力、粘黏连随、不丢不顶、引进落空、四两拨千斤、以巧取胜的道理，那么怎样在实践中才能真正做到这些呢？通过近年来跟随太极名家冯志强老师学习太极推手和混元气功，方知其中奥秘，尤其观看了几次老师的太极推手技击后，对我触动更大，深感太极功夫博大精深，学无止境。所以，我也要拜师再学艺，使自己的太极推手功夫更上一层楼。他俩言短情切的一番话，博得了全场热烈掌声，大家纷纷举杯向冯老师及其俩"弟子"祝贺。

"内功王"王凤鸣先生武林逸事

点穴露绝技

一个外地人经人介绍找到了王凤鸣老师,在交谈中王老师得知,此人叫李××,在湖南省公安局做侦察员工作,酷爱练武,曾两次获得湖南省散打冠军。又因在执行任务时,多次制服过行凶的歹徒而立功,受到上级部门的嘉奖。

他们俩交谈了一会儿后,小李将话锋一转说道:"想和王老师试试手。"当他和王老师搭上手时,年轻力壮的小李感到自己的双手臂犹如被胶粘住了一样,身体如同被绳子捆绑住了似的,不管他用什么办法想解脱,总是摆脱不掉。这使小李有劲也用不上,有功夫也发挥不出来,当时他大惑不解地问王老师:"你运用的是什么方法?"王老师告诉他:"这是太极拳中粘黏连随的技术。"小李接着说道:"如果您不介意,我可以用散打快攻的方法吗?"王老师爽快地应道:"那你就进招吧!"这回小李使出了他的散打本领,快速迅猛地出右拳来了一个猛虎掏心,朝王老师的胸口击来。只见王老师用左手拨化开他击来的右拳后,趁势进身,将右脚放在他右腿的后面,右手臂放在他的脖颈处,说时迟那时快,手脚齐发,一个太极拳中的"摆莲腿"便将他重重地打翻在地上。再看这位散打冠军还真不含糊,一骨碌从地上爬起来后,又挥拳朝王老师的面部击来。王老师闪身让过,同时用右手引化开他击来的拳头后,就在他肋部露出破绽的刹那间，顺势上步，运气于左手二指，朝他肋部的章门穴上一点。小李感到如同利剑穿身一样，疼痛难忍地用双手捂着肋部蹲在了地上，张着嘴却喘不上气来，脸色也变得苍白了。王老师看他痛苦不堪的样子，便过去在他身上按摩了几个穴位，过了一会儿，只见小李深深地出了一口长气，才逐渐恢复到正常状态。后来，小李成为了王老师的弟子。

国内外曾经领教过王凤鸣老师点穴的一些人，无不为他那功深技精的点穴绝技所折服。

三战三胜日本武士

（一）突然袭击

1990年，王凤鸣先生和冯志强老师应日中太极拳交流协会的邀请，来到日本东京进行太极拳教学。有一天上课的时候，王老师正在带领日本学员练习太极拳套路，突然感觉到背部被猛击一掌，刹那间，只见王老师随击来之势，迅速敏捷地转动身体，用双手就势抓住了此人的胳膊，顺势一捋将他捋倒趴在了地上。当时大家被这突如其来的情况弄蒙了，都不知道是怎么回事？当即王老师通过翻译对那个人说："你这样做事是没有礼貌的。"当那人从地上爬起来之后，马上给王老师深深地鞠了一躬，并说道："对不起王先生，我失礼了！"

下课后，王老师从学生们那里了解到，此人叫××××，曾练习过空手道、柔道，这是他第一次参加太极拳课，想了解太极拳的技击方式怎么样？试试王老师的太极功夫如何？

在日本的教学工作顺利的结束了，在临回国的头一天晚上，日中太极拳交流协会的负责人小池勤先生找到王老师，提出想挽留王老师在日本进行一年的太极拳教学，当王老师因单位工作忙而婉言谢绝时，小池勤先生便马上邀请王老师明年再来日本进行太极拳教学，并聘请王老师为日中太极拳交流协会顾问。

（二）正面交锋

1991年王凤鸣先生应日中太极拳交流协会的邀请，第二次来到日本东京进行太极拳教学，那个叫××××的人又前来参加了王老师的太极课。有一天上课，王老师讲到陈式太极拳中"披身捶"动作的技击要领时，说明此动作是用于破解对方抓拿衣襟后运用的技击方法，××××听后说道："我们的柔道专门会运用抓衣襟的方法，当对方被抓住以后，他便毫无办法了。"王老师闻此言道："太极拳中的这个披身捶的动作，是专门破解对方抓衣襟技术的方法。"此人听后说到："那么请问，我们可以在实践中进行一次验证吗？"王老师爽快地应道："当然可以。"此人二话没说，上来伸出右手就牢牢地抓住了王老师的衣襟不放，只见王老师用右手抓住对方的右手腕，将左肘放在他右胳膊的肘关节处，转腰、合肘、运气同时进行，运用太极拳中"截劲"的技术方法，一下子便将对方重重地摔倒在地。他爬起来再试，功效如前，换左手还是不行。最后王老师干脆让他双手一起抓住衣襟，同样还是被重重地摔倒在地上。就这样连续反复试验了多次，直到王老师将他摔得无计可施了，他才不得不罢手。

（三）甘拜下风

1992年王凤鸣老师应日中太极拳协会邀请，第三次来到日本东京讲学时，那个叫××××的人再次前来，参加了王老师的太极课。

在一天的太极推手课上，当他向王老师学习太极推手的动作时，他认为施展的机会来了，便趁机抓住了王老师的两只胳膊，猛劲地向前推来。只见王老师旋手转腕解脱了他的双手，反过来抓住他的双手腕后，顺势一采将他引进落空，此时他由上而下犹如跌入了万丈深渊一样。就在他身体失控的刹那间，只见王老师迅速跟进发劲，对方身体好像弹丸般被弹抖出去3米多远。技击不行他又较量擒拿，他上来用右手抓住了王老师的右手，王老师运用缠丝劲的技术将他反擒拿住，此时他的胳膊似被铁钳咬住了一样疼痛难忍，并感到随时都将有骨折筋断的威胁，只好拍地认输。三次较量后他真的心服口服了。

在欢送王老师回国的晚会上。那个叫××××的人向大家坦诚地说："以前看到别人演练太极拳，我不相信太极拳有什么技击价值。通过三年来参加王老师的太极拳和推手课后，使我改变了以前的观点，现在我完全信服了中国太极拳中以小力胜大力、引进落空、四两拨千斤、以巧取胜的独特技术了。"

丹田技击和擒拿

在赫尔辛基的TSL成人大学的一次太极拳课上，王老师讲道："太极拳是内家拳，是意气运动，所以练习太极拳时要注意丹田、气沉丹田，待丹田修炼到一定水平后，不仅能达到意到、气到、动作到的练功效果，还能运用丹田来进行技击和擒拿。"这时一个学生疑惑不解地说："以前我学习太极拳时，从未听人讲过这些，请问我可以体会体会运用丹田进行技击和擒拿吗？"王老师听后，便让这位学生用双手使劲推他的腹部丹田处，只见王老师身体重心下降气沉丹田后，运用"丹田鼓荡"的方法将他发放了出去，对方再试，功效如前。然后，他又用一只手猛力推向王老师的腹部丹田处，当王老师运用"丹田内转"的方法进行擒拿时，只听"哎呀"一声，这位学生疼痛地一边抖着手一边颠着脚说道："真没想到这么厉害！"

下课后，这位学生对一些学员们说："我以前虽然练习太极拳多年，但是感到内功进步不快，一直停留在外形的水平上。这次很荣幸地与王老师相识，使我找到了太极拳与气功同时修炼的好方法。"

在1996年法国巴黎举办的太极拳学习班上，《法国道》杂志的主编采访了王老师，在亲自体验了王老师的"丹田鼓荡"和"丹田擒拿"的绝技以后，向大家讲道："我作为《法国道》杂志的主编，曾经采访过武术界的许多名人，但是达到王老师这种内功水平的，还真是不多见。"

以巧取胜的典范

一个星期天的早晨，王凤鸣老师正在北京天坛公园里练习陈式太极拳。一个外国人看到后来到他练拳的地方，用不熟练的中国话和王老师交谈起来。他自我介绍说，他叫马可夫斯基，家住在俄罗斯的圣彼得堡市，从小喜欢练武，曾练习过柔道、空手道、形意拳和太极拳。他有一个梦想，将来有一天到中国去学习武术。一直等到1988年俄中文化交流，他获得了到北京体育大学留学的机会，才圆了他多年来的美好梦想。

交谈了一会儿后，他说想和王老师推推手。当他和王老师推起手来时，心里暗暗地吃了一惊。他想自己身高体重上都占优势，但是他们推起手来时，怎么也找不到王老师的力点，犹如推到棉花上一样虚灵柔化；随他来势的变化，有时王老师的身体又像一座铁塔一样沉重而稳固。王老师这样刚柔相济、灵活巧妙的变化，使他没有施展的机会。

于是他改变了方法，用双手使劲紧紧地抓住王老师的双臂不放，并用劲推。他感到王老师的一只胳膊在向后螺旋滚动，使他劲力落空后，就在他身体失去重心的一刹那，迅速返回，双手相合，一记漂亮的发劲，将他发出去一丈多远。

他看抓住王老师的双臂不行，于是就变为一只手抓住王老师的胳膊另一只手猛力推王老师胸部。只见王老师身躯转动，他就像推在旋转门上一样，来劲被引进落空了，再见王老师顺水推舟地将他的胳膊，一下子便将他将倒在地上了。在场的人无不佩服王老师以小力胜大力、以巧取胜的太极功夫。当时有人拍下了此镜头（图141）。

图141　与俄罗斯武士交手图

几次交手后,他被王老师精湛的太极功夫所折服了。自此以后,他除了在北京体育大学学习外,每逢星期天休息的时候,他都要坐上一个多小时的公共汽车,来到天坛公园找王老师学习太极拳和气功,一直到他在北京体育大学学习结束。

马可夫斯基返回俄罗斯后,给王老师寄来了邀请信和礼品。他在信中非常感谢王老师几年来不辞辛苦地教授他太极拳和气功,并热情邀请王老师到圣彼得堡市教授太极拳和气功。王老师因单位工作忙不能脱身,便回信婉言谢绝了。

慧眼识才

1999年7月王凤鸣老师在韩国进行气功太极拳教学期间,有一天,韩国太极气功研究会会长黄龙仁先生带来一位40多岁的妇女和一位10多岁的男孩子,这名男孩子名叫Sehi,16岁,在高中一年级读书。在他5岁左右时,有时和父母说,他看到别人身上、胳膊上、手上有局部色彩和一些线状物及点点的东西,他父母当时认为他小还不懂事,所以他说什么也就没在意。等他长到八九岁时,有时还和父母说诸如此类的话,家长这才意识到在这孩子身上存在一些问题,以为他视觉或是生理上有什么问题或缺陷。他们先后去过韩国的几所大医院检查,经过医生、仪器的严格认真的检查,检查结果都是视觉正常,身体各部位均正常。为此他们还找过一些韩国的气功师询问,但都是含糊其词,不能得到正面的答复。眼看着孩子一天天长大,作为家长的他们也一天天的为这孩子的身体和前途担心。

经这位妇女介绍情况后,王老师为了更进一步了解情况,就指着旁边的一个人的胸部让他观看,随后他说出在那个人肺部周围看到了白色似雾状物。而后王老师又指着自己的心口处问他看到了什么时，他说在此部位看到了红色似雾状物。王老师又提出了几个问题让他回答后，并伸出自己的胳膊让他观看辨认，他说朦胧中有几条线状物和一些点点于其中。

当王老师指着手心劳宫穴位时，他说看到了红色（此学生从未接触过中医学和气功，对此一无所知），经过反复论证核实，最后王老师终于以他丰富的中医知识和多年来修炼气功的经验体会，分析论证在这名孩子身上出现的这些现象并不是病症和生理缺陷，而是一种先天特异功能反映时，此位学生的母亲已是热泪盈眶了，她心情激动地对在坐的人说："我和他父亲为这孩子的身体和前途担忧多年，王老师今天为我们解开了心中多年的疑虑，真是感激不尽。"当晚在饭店设宴招待了王老师等人。

后来这位女士还带着孩子参加了王老师的太极棒尺内功学习班，当王老师讲到转劳宫动作，并做示范带领大家练功时，这位学生发现王老师练功与众不同，在王老师转双手时，其手部周围有黄色光圈随转手而动。

在韩国仁川市的拜师会上，这位妇女拉着孩子的手来到王老师身旁说："这孩子和您有缘，如以后他够条件的话，请您也收下他为徒，正式拜您为师学艺。"王凤鸣老师慧眼识才，在韩国武林界被传为佳话（图142）。

图 142

附：《心印经》原文

心印經

上藥三品　神與氣精　恍恍惚惚　杳杳冥冥
存無守有　頃刻而成　廻風混合　百日功靈
默朝上帝　一紀飛昇　知者易悟　昧者難行
履踐天光　呼吸育清　出玄入牝　若亡若存
綿綿不絕　固蒂深根　人各有精　精合其神
神合其氣　氣合体真　不得其真　皆是強名
神能入石　神能飛形　入水不溺　入火不焚
神依形生　精依氣盈　不殘不涸　松柏青青
三品一理　妙不可聽　其聚則有　其散則無
七竅相通　竅竅光明　聖日聖月　照耀金庭

心經

天君泰亨　百體從令　元氣布行　以齊七政
四象成道　萬邦咸寧　君臣際會　靈臺緯經
四德正中　繼繼承承　璇璣運機　閶闔衛榮
開楞釋鎖　白雲捲空　糲糈鑒御　金蟬化形
維即互隔　鍊擅丹宮　益壽延年　化身長生
存保心神　大聖日用　思慮未起　鬼神莫量
道德廣大　閑邪存誠　心不在道　道在心工
不入污穢　不戮其躬　能使不善　不敢侵攻
精神守護　心力氣靈　萬紫山光　造化興功

右心經

上藥三品圖

上品　始氣　裹却　不壞　神宝　元神

中品　無氣　失天　眾氣　氣宝　之魁

下品　玄氣　万物　資生　精宝　資化

一得永得　自然身輕　太和充溢　骨散寒瓊
得丹則靈　不得則傾
誦之萬遍　妙理自明　丹在其中　非白非青

讚曰

玄元始氣太極精華理無二致三者一家
擎天柱地飛景流霞收歸金鼎結就丹砂

图书在版编目（CIP）数据

道家太极棒尺内功 / 王凤鸣编著. -北京：人民体育出版社，2011（2020.2.重印）
ISBN 978-7-5009-4055-5

Ⅰ. ①道… Ⅱ. ①王… Ⅲ. ①道家-太极拳-内功
Ⅳ. ①G852.11②G852.6

中国版本图书馆 CIP 数据核字（2011）第 079258 号

*

人民体育出版社出版发行
北京建宏印刷有限公司印刷
新 华 书 店 经 销

*

850×1168　32 开本　6.5 印张　148 千字
2011 年 10 月第 1 版　2020 年 2 月第 5 次印刷
印数：10,101—10,600 册

*

ISBN 978-7-5009-4055-5
定价：31.00 元

社址：北京市东城区体育馆路 8 号（天坛公园东门）
电话：67151482（发行部）　　　邮编：100061
传真：67151483　　　　　　　　邮购：67118491
网址：www.sportspublish.cn

（购买本社图书，如遇有缺损页可与邮购部联系）